I0001425

NÉCESSITÉ DU MAINTIEN

DE LA

PEINE DE MORT.

NECESSITÉ DU MAINTIEN

DE LA

PEINE DE MORT,

TANT POUR LES CRIMES POLITIQUES QUE POUR LES CRIMES PRIVÉS;

PAR M. URTIS,

AVOCAT, ANCIEN SECRÉTAIRE DE MANUEL.

> C'était l'abus de l'impunité à côté de l'abus des supplices, deux choses mauvaises qui tâchaient de se corriger l'une par l'autre.
>
> M. VICTOR HUGO, *N.-Dame de Paris.*

PARIS,

ALPHONSE LEVAVASSEUR, ÉDITEUR,

AU PALAIS-ROYAL.

1831.

IMPRIMERIE DE DAVID,
BOULEVART POISSONNIÈRE, N° 4 BIS.

INTRODUCTION.

La peine de mort fut, de tout temps, considérée comme une sauve-garde pour la société; s'il en est ainsi, son abolition ne saurait avoir lieu sans péril. Il n'est donc pas de question qui touche de plus près à la sûreté de tous. Il n'en est pas dont l'examen exige plus de maturité, de réserve et de sang-froid. Chose inouïe ! jamais attaques ne furent aussi véhémentes, aussi passionnées que celles dirigées contre la peine de mort.

Genève a donné le signal. Un concours y a été ouvert.

Etait-ce pour aller à la recherche du vrai et de l'utile ? Non; on n'avait d'autre but que d'appeler des auxiliaires et de réunir ses forces pour l'assaut général auquel dès-lors on se préparait.

Comment en douter, lorsqu'on a vu rejeter

du concours les mémoires qui ne concluaient pas à l'abolition absolue de la peine de mort *.

Est-ce ainsi qu'on agit quand on désire découvrir la vérité ?

Je récuse le juge qui ne veut entendre que l'une des parties. Je me défie du dialecticien qui ne souffre pas la contradiction. Ce n'est pas à eux que je m'en rapporterai.

Que j'aime bien mieux la sage circonspection de cette société savante de France**, qu'on

---

* Voyez le rapport de M. de Châteauvieux sur les opérations du jury institué à Genève en 1827, par M. de Sellon, pour décerner le prix qu'il a offert au meilleur mémoire en faveur de l'abolition de la peine de mort; rapport imprimé à la suite du *système pénal* de M. Ch. Lucas, ouvrage qui a remporté le prix de ce concours.

** Société de la morale chrétienne.

vit, dans le même temps, proclamer un doute à éclaircir et faire un appel à toutes les opinions !

Enfin a éclaté la révolution de 1830.

Ère de réforme, on l'a crue propice à une grande innovation ; époque d'enthousiasme, on l'a jugée propre au triomphe d'une philantropie exaltée. On a cru le moment arrivé de frapper les grands coups. On a mis en œuvre tous les prestiges ; on a essayé de toutes les séductions. On a évoqué les mânes des martyrs de juillet ; on les a montrés demandant grâce pour leurs bourreaux. On a invoqué la générosité française, les droits de l'humanité. Réprouvez, a-t-on dit, des lois sanguinaires, fruits et soutiens du pouvoir absolu. Rendez notre régénération complète. Purgez notre législation d'un reste de barbarie.

C'est par ces ardentes paroles qu'on a enflammé les imaginations. Chacun a voulu prendre part au butin et associer son nom aux conquêtes d'une trompeuse humanité. De toute part on a vu arriver des pétitions écrites sous la dictée de l'exaltation. L'entraînement est devenu si universel qu'un illustre orateur, luttant contre l'opinion à la mode, a craint que, pour la première fois, ses paroles ne fussent impopulaires et que sa voix ne trouvât point d'écho en France. Peu s'en est fallu qu'on ne détruisit par acclamations un principe duquel me paraît dépendre l'ordre social, le salut public.

Témoin de cet acharnement, j'ai suivi les débats qu'il a produits. Je les ai analysés, étudiés; j'ai pris note de mes observations.

En garde contre mes propres convictions, j'ai consulté. J'ai soumis mes motifs à des hommes éclairés et consciencieux. Je les ai trouvés pensant comme moi.

Mais, lorsque j'ai vu qu'on s'en tenait à une silencieuse approbation, je me suis dit : puisque les autres se taisent, écrivons.

C'est donc une opinion, fortifiée par de

nombreux suffrages, que je viens exposer au grand jour. J'y suis déterminé surtout par la considération que le temps presse. Cette haute question va de nouveau être soumise aux débats législatifs. Le champ qu'elle ouvre est immense. Les bornes étroites des discours de tribune ne permettent pas de le parcourir en entier.

En effet, consacrerez-vous de longues pages à prouver que la peine de mort est légitime en principe, on vous dira : vous n'avez pas établi qu'en fait elle soit nécessaire !

Développerez-vous les dangers du séjour, au sein de la société, de scélérats endurcis, on vous répliquera : en les détenant, nous les mettrons hors d'état de nuire ; et le temps vous manquera pour démontrer l'insuffisance de ce frein !

Invoquerez-vous l'autorité de l'expérience des siècles, on vous citera les résultats prétendus heureux de l'abolition du supplice dans plusieurs états ; et, si la longueur de la carrière que vous aurez déjà fournie vous empêche de les apprécier à fond, votre laconisme sur ces assertions leur donnera un poids immense.

Parlerez-vous de l'effet préventif de la peine de mort, on le niera ; et, pour le prouver, il vous faudra faire un discours tout entier.

Pour vous livrer à une discussion approfondie, vous attacherez-vous à quelques-uns seulement de ces aperçus divers, l'effet de vos argumens sera perdu; le doute sera entretenu par les objections que vous aurez laissées sans réponse. Tout se lie et s'enchaîne dans le raisonnement. Une démonstration partielle et tronquée paraît rarement concluante.

Essaierez-vous de présenter avec ensemble la longue série de difficultés que soulève le redoutable problême dont il s'agit, vous ne pourrez que les effleurer et les traiter, pour ainsi dire, en miniature. Vous vous exposerez à une réfutation facile dans la dénégation de principes et de faits que vous n'aurez pas eu le loisir de justifier.

Ce n'est donc guère que dans un ouvrage de longue haleine, qu'il est possible de tracer le vaste tableau des points de vue infinis que présente la question de la peine de mort.

L'opinion qui tend à l'abolition de cette peine a le grand avantage d'avoir pour elle des philosophes qui ont voué leurs veilles au développement méthodique et complet des principes et des observations pratiques sur lesquels elle s'appuie.

La peine de mort n'a trouvé personne qui ait voulu entreprendre une pareille tâche pour sa défense !

Le Gouvernement n'en demande le maintien qu'avec une sorte de répugnance et en laissant entrevoir le jour de son abolition.

Rebutés par la défaveur du sujet, les écrivains lui refusent leur appui.

Jusqu'à ce jour, la peine de mort s'est maintenue contre des efforts réitérés. Comme l'arche du Seigneur, renversée par les Philistins, se redressait d'elle-même, ainsi la peine de mort, par sa propre force, s'est toujours relevée victorieuse. Mais craignons tout du zèle et de la persévérance de ses antagonistes.

Des piqûres d'épingle continuelles finissent par tuer. Les rochers les plus durs sont minés à la longue par le seul battement des flots. Les vérités les plus constantes ne sauraient non plus, sans quelque secours, résister éternellement à des attaques perpétuelles.

Je vais donc parler en faveur de la peine de mort.

N'en concevez point d'alarmes, amis de l'humanité. Quelque triste qu'à première vue puisse vous paraître mon opinion, connaissez-la toute entière, avant de la juger. Que pouvez-vous désirer ? Que l'effusion du sang soit diminuée autant que possible ? C'est dans cette vue que je réclame la maintien de la peine de mort.

J'aurai d'ailleurs à proposer des modifications qui, en laissant au supplice toute son efficacité préventive, en rendront l'infliction extrêmement rare. Peut-être, quand on m'aura lu, trouvera-t-on que la philantropie a plus à gagner à mes idées qu'à celles d'imprudens amis. C'est cet espoir qui m'a fait prendre la plume. Heureux, si je pouvais payer mon tribut au pays en lui fournissant une pensée utile.

Législateurs, qu'il me soit permis de le dire, car c'est le sentiment le plus pur qui m'anime, quand on vous parlera encore des admirables effets que produirait l'abolition de la peine de mort, sachez-vous défendre de cet engoûment qui s'attache toujours aux idées nouvelles et généreuses. L'esprit de l'homme est porté au merveilleux. L'imagination franchit les obstacles, ou plutôt ne les aperçoit pas. On commence par croire à ce qui plaît, sauf à vérifier ensuite. L'expérience vient enfin et fait éprouver plus d'un cruel mécompte.

Le système de Law aussi fit fureur au siècle dernier. Qu'en advint-il? La ruine des imprudens qui y ajoutèrent foi trop facilement.

Et, de nos jours, avec quels transports n'a-t-on pas exalté les prodiges de Botany-Bay? Cette terre régénératrice était féconde en miracles! elle opérait les plus étonnantes métamorphoses! Elle rendait vertueux les scélérats qu'on y déportait! Les voyageurs l'attestaient; les journaux le publiaient; la poésie prêtait à ces récits ses séduisantes couleurs. Comment douter de faits si bien constatés? Aussi, a-t-on vu des publicistes solliciter à l'envi, pour les condamnés, un système de colonisation semblable à celui de Botany-Bay.

Le temps a fait justice de ces exagérations. La raison, qui examine et apprécie, a eu son tour. C'est alors qu'ont retenti des paroles solennelles qui ont dû produire un singulier désenchantement. Nous avons entendu M. de Barente, au nom d'une commission de la Chambre des Pairs, parler du *scandale donné aux sauvages eux-mêmes par l'établissement anglais de Botany-Bay, où la perversité humaine paraît être portée à son comble* *.

De tels exemples ne doivent pas être perdus. Ils sont propres à rendre réservés, difficiles même. Armons-nous donc ici d'un prudent scepticisme. Craignons les méprises; il y va du salut public.

La révision des lois pénales est une des plus graves innovations qu'on puisse aborder. Ce ne sont point là des lois qu'on improvise, ni auxquelles il soit permis de toucher légérement, lorsqu'une fois elles sont rendues. Leur effet moral dépend de leur fixité. Il s'agit de graver sur l'airain.

Peut-être est-il à regretter que, pour des

---

* *Moniteur* du 8 mai 1819.

réformes de cette importance, on n'ait point admis chez nous l'usage reçu en Angleterre, de faire précéder le vote des bills de plusieurs lectures toutes accompagnées d'une discussion.

Dans un premier débat, chacun apporte ses pensées particulières, mais il ne connaît point encore celles de ses collègues. Le choc des opinions fait naître des combinaisons imprévues, manifeste des aperçus et des points de vue nouveaux. Pour apprécier sainement tout cela, il faut du recueillement et de la réflexion.

La nature humaine est bornée. Des yeux, long-temps fermés, sont éblouis par la soudaineté de la lumière. Il ne s'y font que peu à peu. Il en est de même de l'intelligence, pour la perception de la vérité. Celle-ci choque parfois de prime-abord. Le temps lui rend sa force et son empire.

Redoutons des votes trop brusques. Ils entraînent souvent des regrets.

Dans l'intervalle d'une lecture à l'autre, la polémique s'engage et éclaire. Il y a loisir pour la méditation. Les idées se mûrissent et se fixent; et les délibérations, au lieu d'être l'effet de l'entraînement, prennent ce caractère de maturité qui leur donne vie.

Qu'on me pardonne cette digression; elle a pris sa source dans le puissant intérêt qui s'attache à la question que je vais traiter.

En m'occupant de la peine de mort, j'éviterai, autant qu'il sera en moi, les raisonnemens métaphysiques. Cette manière de discuter n'est propre qu'à montrer la subtilité de l'esprit, sans jamais amener de résultats satisfaisans.

Les théories abstraites ne sont le plus souvent, et ici surtout, que de brillantes chimères.

Je m'abstiendrai d'un luxe scientifique qui produit quelquefois l'obscurité. La vérité ne craint pas de se montrer toute nue.

Je ne pense pas, avec un honorable écrivain, qu'il y ait deux langues, l'une pour les savans, l'autre pour le peuple. Dans une matière qui intéresse tout le monde, je ne vois pas d'inconvénient à être compris de chacun.

DIVISION DE L'OUVRAGE.

Dans la première partie, je traiterai la question de la peine de mort en général. Les raisons, qui la rendent nécessaire pour les crimes privés, s'appliquent aussi aux crimes politiques.

Dans la seconde partie, je m'occuperai spécialement de la peine de mort en matière politique.

PREMIÈRE PARTIE.

CHAPITRE PREMIER.

Légitimité de la peine de mort.

La plupart de ceux qui font des vœux pour l'abolition de la peine de mort reconnaissent qu'elle est légitime en principe. Ils se bornent à en contester l'utilité.

Il est pourtant des moralistes qui s'obstinent à l'attaquer sous le rapport de la justice et du droit.

La vie de l'homme, disent-ils, est inviolable, parce qu'elle est un don du créateur.

Craignez alors d'écraser la vipère ; refusez la chair des animaux pour nourriture, car c'est aussi le créateur qui leur a donné la vie !

Quelle comparaison, me dites-vous ? Dans l'homme seul, l'existence revêt un caractère de *personnalité*. Elle n'est sacrée que chez lui.

Et qui vous autorise à faire cette distinction ? Comment savez-vous que Dieu n'est jaloux que de son plus parfait ouvrage, et qu'il livre tous les autres à vos caprices destructeurs ?

J'entre dans une manufacture. J'y vois des objets d'art de toute espèce. Les uns sont d'un fini précieux ; les autres plus grossièrement travaillés. Je brise ces derniers ; et, quand l'ouvrier témoigne son mécontentement, je lui dis : « De quoi vous plaignez-vous ? je » n'ai pas touché à vos chefs-d'œuvre ! »

Que penseriez-vous d'une pareille réponse ?

Si vous faites état des droits du créateur, n'attentez à rien de ce qu'il a fait, à peine de tomber dans l'arbitraire et l'injuste.

Prenez garde qu'il ne s'agit pas de donner à la société droit de vie et de mort sur tous indistinctement, mais uniquement sur les scélérats endurcis aux forfaits.

J'ai regret à vous entendre dire qu'il faut respecter en eux l'image de la divinité. Je m'en faisais une plus noble idée.

Je ne considère pas comme une objection bien grave la prétendue défense d'attenter à notre propre vie, d'où l'on conclut que nous ne pouvons pas davantage disposer de celle de nos semblables.

Lorsqu'on a lu les admirables lettres de Jean-Jacques sur le suicide, il devient téméraire de trancher légèrement une aussi grave question.

Quand un vêtement me gêne, je le quitte; quand une habitation m'incommode, j'en sors. Pourquoi ne pourrais-je pas sortir de la vie?

On parle du sauvage, qui souvent meurt de faim, de froid, et ne se tue point lui-même.

La chose est possible; mais on oublie que ce même sauvage donne, de sa propre main, la mort à son vieux père, pour lui épargner les souffrances de la caducité, les tourmens d'une longue agonie!

Au surplus, partir d'un point contestable pour établir le principe contesté, n'est-ce pas prouver la question par la question?

Cette objection est une réminiscence du moyen âge. Alors la loi portait des peines contre le suicide. Elles ont été effacées de nos Codes. On ne peut donc admettre, comme élément de la législation criminelle, un principe qui en a été banni.

Enfin, quel rapport pourrait avoir la défense de disposer de sa vie, alors qu'il n'en résulte aucun profit pour personne, avec le supplice des scélérats, utile à la conservation de la société et nécessaire pour effrayer et retenir ceux qui seraient tentés d'imiter leurs forfaits ?

Sortons bien vîte des subtilités de l'idéologie où chaque argument trouve une objection, où chaque objection rencontre une réplique; où, après avoir beaucoup discouru, chacun reste avec son opinion, parce que tout y est systématique et arbitraire, et qu'il n'y a pas de base pour établir un raisonnement.

J'ai hâte d'en venir à des résultats positifs, car j'ai à faire voir la légitimité de la peine de mort découlant, comme conséquence nécessaire, des principes avoués par ses adversaires eux-mêmes.

Je veux parler du droit que tout le monde reconnaît à la société sur la liberté des individus qui la composent.

Et pourtant, en thèse générale, la liberté est aussi inviolable, aussi sacrée que l'existence.

Fixons-nous bien sur ce point de départ. C'est un antagoniste de la peine de mort qui va parler :

« L'homme, dit M. Ch. Lucas, n'a pas seu-
» lement droit à l'existence. Il y a en nous,
» en effet, outre l'existence en vertu de la-
» quelle nous sommes, un mode d'existence
» qui nous fait être de telle façon plutôt que
» de telle autre. Nous avons donc droit non-
» seulement à l'existence que Dieu nous a
» donnée, mais encore à la forme sous la-
» quelle nous l'avons reçue. Exister, et exister
» tels que nous avons été faits, tel est notre
» droit. Voilà l'homme de Dieu, l'homme
» de la création, la partie *sacrée et inviolable*
» *de nous-mêmes.* * »

La liberté fait donc partie de l'existence. Elle est aussi inaliénable, aussi imprescriptible que la vie **.

Et si personne ne doute que la société, pour sa défense, n'ait le droit de priver de la liberté,

---

* *De la mission de la justice humaine*, chap. 2.

** La liberté a quelquefois même paru un bien plus précieux que la vie, témoin ce rescrit de l'empereur Constantin, placé sous le titre *de patriâ potestate* au Code : *Libertati à majoribus tantùm impensum est ut patribus, quibus jus vitæ in liberos necisque potestas olim erat permissa, libertatem eripere non liceret.*

pourquoi ne pourrait-elle pas aussi disposer de la vie?

« Mais, dit M. de Tracy, nous ne faisons » point de différence entre la liberté et la vie; » nous ne voulons pas plus de la perte de la » liberté à tout jamais que de la perte de l'exis- » tence. Je repousse les peines perpétuelles.* »

Après avoir ainsi reconnu la similitude entre la liberté et la vie, quant au droit d'en disposer; après avoir établi en principe l'inviolabilité de l'une et de l'autre, par quelle inadvertance venez-vous ensuite faire des distinctions entre la privation temporaire et la privation perpétuelle de la liberté?

Puisque, d'après vous, la privation des dons du créateur devient licite, dès qu'elle n'est que partielle, on pourrait donc priver l'homme d'un de ses membres, en lui laissant le reste de l'existence, de même que vous autorisez la mutilation de la liberté pourvu qu'on ne l'enlève pas toute entière!

Si votre raisonnement est exact pour l'em-

---

* Discours à la Chambre des Députés, séance du 8 octobre 1830.

prisonnement perpétuel, il conclut aussi contre toute espèce de détention.

Soyez donc d'accord avec vos propres doctrines; ne les appliquez pas à-demi. Au lieu de borner vos réformes à l'échafaud, demandez aussi qu'on ferme toutes les prisons!

C'est ce que je réclame ardemment, répond M. Ch. Lucas. La justice pénale est une usurpation. Adoptez mon système pénitentiaire, dont l'échelle aura pour base un an de réclusion et pour hauteur vingt-cinq!

En vérité, quelque nom que vous lui donniez, cette réclusion en sera-t-elle moins une atteinte à la liberté naturelle de l'homme, une privation des dons du créateur?

Filangieri était plus conséquent, lorsqu'il déclarait ne pas vouloir même de la privation *temporaire* de la liberté.

M. Ch. Lucas recule devant cette opinion désorganisatrice. Il essaie de la réfuter, mais avec quel visible embarras! Il a besoin de dire qu'il est ferme dans ses principes, prévoyant qu'on pourrait en douter. On reconnaît la gêne d'un homme se débattant contre ses propres maximes et forcé de nier la conséquence des prémisses par lui posées. Il distingue entre les droits susceptibles *d'être modifiés sans se détruire, d'être suspendus sans s'aliéner.* « Cette » suspension, dit-il, loin d'être un outrage est » un hommage du respect qui est dû à l'ou- » vrage du créateur. * »

Il en sera ce que vous voudrez ; mais, après tout, ces restrictions que vous êtes forcé d'admettre au préjudice de la liberté, où les avez-vous trouvées? quelle en est la règle et la mesure?

N'est-ce pas l'unique considération de l'intérêt social qui les exige? N'est-ce pas le droit positif seul qui les crée ?

Reconnaissez donc qu'en matière de pénalité ou de répression, la première loi est celle du salut public; que le droit naturel s'y modifie nécessairement suivant les besoins de la société; reconnaissez enfin que, dans la question qui nous occupe, le seul problême à résoudre est bien réellement celui de l'utilité.

Telle est aussi la conclusion de M. Béranger, dans son rapport à la Chambre des Députés, où, tout en repoussant la peine de

* *Des garanties répressives*, page 265.

mort, il s'exprime en ces termes : « La liberté
» est un bien tout comme la vie; et, si l'on ac-
» corde que la société a le droit de priver de
» l'une, il ne serait pas conséquent de lui con-
» tester celui de priver de l'autre. »

» Votre Commission avoue, Messieurs, qu'il
» n'est guère possible de sortir de cette diffi-
» culté : aussi, les bons esprits sentent-ils la
» nécessité d'abandonner la question philoso-
» phique pour se livrer exclusivement à celle
» des faits. » *

En résumé, le droit incontesté de disposer de la liberté emporte celui de disposer de la vie.

En accordant l'un, on a concédé l'autre.

Faut-il des preuves nouvelles? Écoutons M. Ch. Lucas.

Cet écrivain commence par rappeler la doc-

* *Moniteur* du 7 octobre 1830. A la vérité, M. Béranger ajoute : « Mais consolons-nous, c'est par l'exa-
» men de ceux-ci qu'ils arrivent à la même solution. »
L'examen des faits et de l'utilité sera l'objet d'une discussion particulière. Pour le moment, je n'ai à constater que le principe, en lui-même, de la légitimité de la peine de mort.

trine des Quakers, qui bornent leur droit à une défense passive qui ne doit que parer, pour ainsi dire, et non rendre les coups meurtriers. Il la combat, établit le droit de conservation d'où résulte celui d'ôter la vie à quiconque met la nôtre en péril, et finit par dire : « Non-seulement l'attaqué a le droit, mais le » *devoir* même d'employer la force à ôter » l'existence à l'assassin, plutôt que de se la » laisser ravir à lui-même. Dès-lors que je ne » pourrais conserver la vie à l'assassin qu'au » péril de la mienne, je *dois* la lui enlever. »

M. Ch. Lucas va même jusqu'à taxer d'impiété la dénégation de ce devoir *.

Je prends acte de cet aveu.

Il est enfin tombé, ce principe absolu suivant lequel la vie de l'homme serait toujours

---

* Qu'importe que l'on soit amené à cette solution, non par la raison que l'attaqué a droit sur l'existence de l'assassin, mais parce que celui-ci n'a pas droit sur la vie de l'attaqué. Pur jeu de mots ! Je m'inquiète peu des motifs; c'est au résultat seul que je m'attache. Distinguez tant qu'il vous plaira, vous n'en aurez pas moins reconnu qu'il est des cas où un homme peut et doit légitimement en tuer un autre.

inviolable. On lui reconnaît des exceptions, des limites; il s'arrête devant le droit de conservation.

C'est ce que vous dites, et je ne veux pas autre chose.

Je ne prétends point qu'il soit toujours permis de tuer; je ne réclame ce pouvoir que tout autant qu'il est nécessaire au droit de conservation.

C'est uniquement de ce droit de conservation que dérive celui que nous avons sur la vie des autres.

Ce droit est absolu; il est le même envers tous les êtres de la création, parce qu'il procède de la même cause.

Quand je détruis un reptile venimeux, je le fais pour ma sûreté. Le gibier que je tue à la chasse, le poisson que je prends dans mes filets, c'est toujours dans l'intérêt de ma conservation, pour me procurer un aliment nécessaire à mon existence.

La limite du droit est le besoin de notre conservation, et non de vaines distinctions de *personnalité* ou d'*impersonnalité*.

La chose est tellement vraie, que la destruction, sans nécessité, d'un animal timide et inoffensif passera toujours pour une méchante action.

Quelquefois même le droit positif a sanctionné cette loi naturelle. Je ne parlerai pas des Égyptiens et des Indous, qui punissaient de mort le meurtre d'un animal tout comme celui d'un homme. Je citerai la proposition récente de M. Martin, à la Chambre des Communes d'Angleterre, tendant à faire cesser les combats d'animaux; proposition qui ne fut écartée que sur l'observation de M. Peel, qu'elle était trop limitée, et qu'il fallait embrasser dans une seule loi toute cruauté gratuite envers les animaux. *

Ce n'est donc pas l'impersonnalité des animaux qui autorise à leur ôter l'existence; et, malgré la personnalité de l'assassin, ceux-là même dont je combats l'opinion proclament le droit que j'ai d'attenter à sa vie pour défendre la mienne.

Nous voilà fixés sur le principe.

En règle générale, la vie est inviolable; mais le droit de conservation peut quelquefois en exiger le sacrifice.

---

* Séance du 22 février 1826.

Il ne s'agit donc plus, en définitif, que de vérifier en quel cas le principe exceptionnel, dérivant du droit de conservation, doit recevoir son application.

Bien évidemment ce n'est là qu'une question de fait et d'utilité.

Ce droit de donner la mort, que confère aux individus la légitime défense, appartient-il pareillement à la société?

Il serait bizarre qu'on déniât à la société (qui n'est que la mise en commun des droits de tous), un pouvoir que possède chacun de ses membres en particulier.

Je crois fort inutile, pour la solution de ce problême, de rechercher péniblement si l'homme naît *sociable* ou *associé*; si la société s'est formée par la *création* ou par la *convention*; si elle est un *corps collectif* ou une *simple manière de vivre*.

On écrirait des *in-folio* sur de telles abstractions, sans faire avancer la question d'un seul pas.

Il me suffira de rappeler la manière dont la difficulté est posée par M. Ch. Lucas lui-même. « Le point de savoir, dit-il, *si la société a* » *tel droit sur l'homme*, se réduit à celui-ci :

» *l'homme a-t-il tel droit sur son semblable?*

Et puisque, de son aveu, le droit de se défendre, par la mort de l'agresseur, appartient à l'homme, il appartient donc aussi à la société.

Mais à quoi bon des raisonnemens pour justifier une vérité que personne, oui, jamais personne n'a sérieusement contestée.

Je suppose une guerre défensive ou offensive déclarée. Que dirait-on d'un conscrit qui, refusant de marcher, s'écrierait : « Ma personnalité, la loi naturelle, l'inviolabilité de » la vie vous défendent de m'envoyer à la » mort. De quel droit m'arrachez-vous à mes » paisibles foyers, me forcez-vous à prendre » les armes contre des gens que je ne connais » pas et qui ne m'ont point fait de mal? Vous » êtes des meurtriers! »

Bien vîte les gendarmes mettraient la main sur l'impertinent raisonneur ; et si, dans les combats, le soldat malgré lui vient à perdre la vie, personne ne regardera sa mort comme une usurpation des droits divins, comme un assassinat.

Et ce droit de faire la guerre, c'est-à-dire, des boucheries humaines, est formellement reconnu par les sectateurs de l'abolition de la peine de mort *.

La conséquence du droit de faire la guerre a été parfaitement posée par M. Eusèbe Salverte.

» Soyons conséquens, a dit cet orateur ;
» et, sans approuver des actes que consacre,
» je ne dis pas l'indulgence, mais l'admira-
» tion de la presque unanimité du genre hu-
» main, admettons un fait qu'on voudrait
» nier en vain : si la société, pour raison ou
» sous prétexte de défense extérieure, a sur
» moi, qui n'ai violé aucune de ses lois, une
» autorité telle que, sans entrer avec moi
» dans aucune discussion, elle peut non-seu-
» lement disposer de ma vie, mais me prescrire
» impérieusement de vaincre la répugnance si
» légitime qui m'empêche d'attenter à la vie
» de mon semblable ; à plus forte raison *pour*

---

* M. Ch. Lucas, *du système pénal*, page 63.

On s'aperçoit que je cite souvent cet auteur. C'est que son ouvrage ayant été couronné à Genève et à Paris, je le considère comme l'expression fidèle et le développement solennel des doctrines contraires à la peine de mort.

» *sa défense intérieure*, dans des cas prévus
» et définis d'avance, bien connus des hom-
» mes qui s'exposent à son animadversion, et,
» dans l'application, discutés contradictoire-
» ment, la société peut priver de la vie celui
» qui n'a pas craint de commettre le crime
» qu'elle croit devoir frapper de la peine
» capitale *.

M. Ch. Lucas ne manque pas de contester cette déduction logique. Il distingue entre les guerres purement défensives et les guerres offensives où il ne voit qu'un abus.

Une guerre offensive, dit-il, n'est guère possible sous l'empire de notre gouvenrement représentatif. Déjà le principe de *non-intervention* est consacré par la France et l'Angleterre. Or, ce principe, c'est l'abolition des guerres offensives. Nous ne concédons pas à la société, ajoute-t-il, lorsque la défense de sa sûreté intérieure n'est qu'un prétexte, le droit d'attaquer une autre société. La guerre alors n'est plus un droit, c'est un crime, et

* Discours à la Chambre des Députés, séance du 8 octobre 1830.

un crime que le pouvoir commande à tous ceux qui marchent à sa voix *.

C'était donc un crime que l'envoi de puissans secours aux malheureux grecs que décimait le cimeterre des Musulmans, car, à coup sûr, notre sûreté intérieure ou extérieure n'y était nullement intéressée !

C'était un crime que de faire marcher nos soldats pour mettre un terme à l'incendie des cités, au massacre des vieillards, à l'esclavage des hommes, au supplice du sérail infligé à de jeunes filles, car c'était bien là une guerre d'intervention !

La France commandait alors un crime à ses guerriers ! Ceux-ci, comme le vicomte d'Orte, auraient apparemment dû refuser d'obéir et abandonner les drapeaux !

Ce n'aurait été non plus qu'un crime de prêter appui à cette glorieuse Pologne, qui a fait un inutile appel à notre générosité ! Qu'une froide diplomatie contemple d'un œil sec l'agonie d'un peuple héroïque dont le

* Note sur le discours de M. Salverte, au recueil intitulé : *Des débats des assemblées législatives de la France, sur la question de la peine de mort*, page 141.

tort a été de suivre notre exemple, ce sont là des calculs de prudence, qui peuvent être diversement envisagés. Mais du moins, quand on s'est défendu de voler au secours de nos frères du nord, on n'a point dit : cette guerre serait criminelle; on s'est borné à répondre : « La Pologne est trop loin de nous ! »

Quelle est, après tout, la conclusion de M. Ch. Lucas ?

« On voit, dit-il, le vice de l'argumenta-
» tion de M. Salverte, qui se place *toujours*
» dans l'hypothèse des guerres injustes et of-
» fensives, où il ne rencontre que l'abus du
» droit de la part des sociétés. Pour appré-
» cier le droit, il faut se placer, au contraire,
» dans les guerres défensives ; car il n'existe
» pas de DROIT DE TUER, *pour les sociétés,*
» *comme pour les individus,* AUTREMENT QUE
» POUR LEUR DÉFENSE*. »

---

* Non, M. Salverte ne se place pas toujours dans l'hypothèse des guerres injustes. Ses argumens s'appliquent à tous les cas, aux guerres défensives comme aux guerres offensives ; et ces dernières ont aussi leur justice, témoins les exemples que j'ai cités.

C'est M. Ch. Lucas qui fonde toujours ses objections

Le droit existe donc pour les sociétés comme pour les individus, quand il s'agit de la légitime défense.

Qu'on relise le passage de M. Salverte, et l'on verra qu'il ne demande pas autre chose. Ce n'est que pour *la défense intérieure de la société* qu'il réclame le maintien du supplice. Son argumentation n'est donc pas si vicieuse, puisqu'elle amène son contradicteur précisément à la conclusion qu'il voulait établir.

Le droit en lui-même est donc certain.

La difficulté se réduit toujours à fixer les cas où son usage est nécessaire. Nous voici de nouveau ramenés à une question de fait et d'utilité.

Et c'est ainsi que fut posée la question à l'Assemblée Constituante :

« Dans la discussion de cette haute et re-
» doutable théorie, disait M. Lepelletier de
» Saint-Fargeau, nous ne nous arrêterons
» pas sur la première partie de la question ;

---

sur les guerres injustes, c'est-à-dire sur les cas d'abus et d'exception. Aussi, quand il en vient aux guerres défensives, est-il forcé de reconnaître la légitimité du droit. Cela nous suffit.

» savoir si la société peut légitimement ou
» non exercer ce droit. Ce n'est pas là que
» nous apercevons la difficulté : *Le droit nous*
» *paraît incontestable*. Mais la société doit-elle
» en faire usage ?

» Un mot nous paraît suffire pour établir
» la légitimité du droit. La société, ainsi que
» les individus, a la faculté d'assurer sa pro-
» pre conservation par la mort de quiconque
» la met en péril *. »

Enfin, subjugué par la force des choses, on pose ce dernier argument : « Pourquoi ôter
» plutôt l'existence que la liberté, si la confis-
» cation de la liberté suffit ** ? »

C'est là vraiment le siége de la difficulté.

Nous avions entrepris un voyage, mes contradicteurs et moi. Ils ont fait bien des circuits et des détours. Ils se sont égarés en route et ont erré dans un labyrinthe. Ils en sortent enfin, et voilà qu'ils se trouvent rendus au

---

* M. Lepelletier de Saint-Fargeau, rapport à l'Assemblée Constituante, sur le projet de Code pénal, au nom des Comités de constitution et de législation criminelle.

** M. Ch. Lucas, *des Garanties répressives*, pag. 261.

même but où j'étais arrivé, tout d'un coup, en suivant la ligne droite.

Avant d'examiner la question d'utilité de la peine de mort, je sens le besoin de repousser quelques reproches qu'on lui adresse.

CHAPITRE II.

Objections diverses contre l'emploi de la peine de mort.

Le reproche sur lequel on insiste le plus est celui de cruauté, de barbarie.

Je conviens que la peine de mort est terrible, et c'est de là même que je déduis son utilité préventive. Il semble que nous devrions être d'accord sur cette conséquence.

Eh bien ! non. Ces mêmes hommes qui, pour la combattre en principe, la trouvent si atroce, la regardent comme insignifiante quand il s'agit de son effet préventif.

« Voyez, disent-ils, la mort se bravant et se donnant avec une inconcevable légèreté, soit dans les partis, soit sur les champs de bataille ; le mépris de la vie devenu chez les uns un calcul tranquille, chez d'autres un faux point d'honneur ; considérez l'industrie se livrant à des professions meurtrières, la navigation s'aventurant à travers un monde et un océan inconnus, la science entreprenant un voyage plus hardi au sein des nuages ; réfléchissez à la fréquence des suicides, au sein de l'aisance. Enfin, pour couronner le tableau, on rappelle le mot de Cartouche : « La mort, ce n'est qu'un mauvais quart-d'heure. » *

Ainsi, tour-à-tour terrible ou indifférente, telle est pour vous la mort, suivant l'exigence de vos systèmes.

Sans prétendre concilier entre eux des argumens si opposés, je vais raisonner dans la supposition de cette atrocité que, pour le moment, il vous convient de prêter à la peine de mort.

Pour être conséquens, du moins avec vos principes d'humanité, c'est sans doute par une peine plus douce que vous la remplacerez ?

Pas du tout. Notons en quels termes M. Ch. Lucas parle de l'emprisonnement solitaire, qu'on veut substituer à la peine de mort.

« La peine de l'emprisonnement solitaire, » dit-il, est tellement rigoureuse, tellement » dure à supporter, qu'on reconnut, dans le

---

* Tel est le résumé de ce que dit M. Ch. Lucas, au chapitre 7, *de la répression en général*.

» principe, en Pensylvanie, la nécessité de » laisser aux inspecteurs le pouvoir d'en ré- » partir la durée à leur gré. »

M. Ch. Lucas rappelle ensuite ce passage de miss Wrigt : « L'emprisonnement solitaire est » plus redouté que la mort. Cette captivité a » dompté, aux États-Unis, les plus grands » criminels, et *leur a fait éprouver des douleurs* » *mentales, qu'ils auraient voulu échanger con-* « *tre les douleurs passagères de l'échafaud.* »

Enfin, il cite des prisonniers qui préférèrent être jugés par la loi qui punissait de mort, plutôt que de se soumettre au *solitary confinement*. *

L'emprisonnement solitaire est donc une peine plus redoutée, plus dure que la mort même. C'est vous qui le dites. C'est par là que vous en démontrez l'effet préventif.

C'est la peine, de votre aveu, la plus cruelle qu'il vous faut ; et celle qui l'est moins, vous la taxez de barbarie !

Envisageons pourtant la chose en elle-même.

---

* M. Ch. Lucas, *des garanties répressives*, pag. 514 et suivantes.

Je conçois le reproche de barbarie adressé autrefois aux tortures, aux mutilations, aux supplices recherchés.

Mais aujourd'hui la peine de mort, comme souffrance matérielle, n'est presque rien.

Supposez un condamné endormi par un narcotique, et ne se réveillant que sous l'instrument fatal : il n'a pas le temps de souffrir.

Comparez cette minute de douleur avec la longue agonie du malheureux livré aux travaux forcés ou à l'emprisonnement solitaire.

Dites-moi quel est le destin le plus affreux, de celui qu'un moment délivre de ses peines, ou de celui qui est réduit à attendre le trépas au milieu des angoisses d'un esclavage et d'un opprobre continuels ?

Quand l'existence d'un homme est reconnue incompatible avec le repos de la société, n'est-il pas moins cruel de l'en priver tout d'un coup, que de lui faire subir une mort de tous les jours ?

Qu'est-ce donc qui rend l'échafaud si formidable ?

C'est l'opinion qu'on s'en fait, c'est l'infamie qui s'y attache, c'est l'appareil effrayant qui l'environne.

Il est dans la nature humaine d'être souvent plus affecté des craintes enfantées par l'imagination que des dangers et des douleurs véritables. C'est ainsi qu'on voit des hommes, braves en face d'un ennemi armé, céder à un frissonnement involontaire, s'ils viennent à se trouver seuls dans des caveaux souterrains, au milieu des ténèbres et des tombeaux !

Remercions la Providence de ce que, en plaçant dans le cœur humain cet effroi des supplices, elle fournit à la justice sociale une peine plus préventive que toute autre, sans en devenir plus cruelle.

Au surplus, il ne saurait y avoir barbarie dans le sens moral. La barbarie ne peut naître que de l'injustice attachée à la disproportion de la peine avec le crime. La mort n'a rien d'excessif, quand elle est la punition d'un assassin.

Il y a de l'athéisme, ajoute-t-on, dans ce coup de hache qui enlève un âme au repentir *.

Je pourrais, pour toute réponse, me bor-

---

* Quant à cette possibilité de repentir, j'en parlerai bientôt.

ner à citer cette maxime, base de notre droit public, suivant laquelle la loi doit être athée**.

Mais, hâtons-nous de le dire, ce reproche n'est pas plus fondé que les autres.

Il n'y a pas athéisme dans le sens des idées religieuses, puisque la loi de Dieu, révélée à Moïse sur le mont Sinaï, consacre la peine de mort.

Il n'y a pas non plus athéisme, suivant la philosophie, puisque Dieu, en nous créant, nous a donné le droit de nous conserver, et que le supplice des malfaiteurs dérive de ce droit de conservation:

Mais voici une autre objection.

La sanction pénale, dit-on, n'est pas la

** Non que je veuille ici prêcher l'athéisme. Je veux dire seulement que la loi, admettant la liberté des cultes, ne doit prendre pour base les dogmes d'aucune croyance particulière. Ainsi, par exemple, elle ne doit pas plus faire un crime à un Israëlite de manger gras le vendredi qu'à un Catholique de travailler le jour du sabbat. Elle ne doit considérer que l'utilité générale de la société. On n'en finirait plus s'il fallait subordonner les nécessités sociales à toutes les exigences de la théologie.

seule sauve-garde de la société. Il y a aussi les sanctions religieuse, populaire et naturelle.

La religion livre le crime aux démons et à l'enfer, l'opinion publique à l'infamie, la conscience aux remords : ce n'est pas à la sanction pénale à envahir toutes les autres.

Je comprends que la voix d'un Socrate ou d'un Platon, enseignant, sous le portique, l'horreur du vice, la douceur d'une bonne conscience, les récompenses de l'autre vie, fut écoutée de disciples vertueux et disposés à suivre les leçons de la sagesse.

J'ajoute, pour l'honneur de l'humanité, que, le plus souvent, ce n'est pas la crainte du bourreau qui porte à faire le bien, à éviter le mal. Je sais ce que peut, sur le plus grand nombre, le sentiment du devoir, le besoin de l'estime publique.

Mais est-ce pour les hommes honnêtes et consciencieux que sont faites les lois pénales ?

Comment qualifier cette méprise qui regarde comme un frein pour les scélérats, des préceptes de morale qui n'exercent leur empire que sur les gens de bien ?

Les lois criminelles ne sont portées que contre les brigands. C'est d'eux qu'il faut s'occuper exclusivement.

Leur prêter à plaisir conscience, pudeur, c'est se jeter dans le roman. S'ils étaient accessibles à ces sentimens, ils cesseraient d'être ce qu'ils sont ; ils ne seraient plus des brigands.

Il est affligeant, je l'avoue, de penser qu'il est des âmes fermées à toute idée de justice et d'honnêteté. Mais est-ce en se dissimulant le mal qu'on l'empêchera d'exister ?

Je n'aime pas ce législateur imprudent qui refusa de porter une peine contre le parricide, parce qu'il lui en coûtait trop de croire à un si grand forfait.

Le métaphysicien, rêvant un monde imaginaire et une perfectibilité idéale, peut se créer, à son gré, des illusions.

Le législateur doit envisager le mal en face, et sonder les plaies de l'humanité pour y porter remède.

Or, n'existe-t-il pas, au milieu de nous, des hommes pervers, dont le crime est l'unique occupation ? Leur création semble une erreur de la nature. Ennemis nés de la société, comme pour mieux marquer leur séparation d'avec elle, ils ont une langue particulière, ils ont un dictionnaire complet, ils ont jusqu'à leur littérature et leurs réglemens *. Ils forment un peuple à part, mais un peuple d'incorrigibles scélérats. Ils calculent le crime comme le négociant combine une spéculation. C'est leur métier! Voyez-les, tels que les montrent les annales criminelles, insensibles aux gémissemens de leurs victimes, faisant d'horribles plaisanteries sur le sang qu'ils répandent, sur les tortures qu'ils font endurer; voyez-les, au sortir d'un meurtre, préparer froidement les moyens d'en commettre un nouveau.

Et c'est à de pareils monstres que vous iriez parler religion, conscience, philosophie!

Les défenses de la religion ne touchent que ceux qui croient à celle-ci. La menace de l'enfer sera redoutée d'un bandit, comme la colère de Mahomet pourra l'être d'un catholique.

La loi naturelle! vaine abstraction; quel malfaiteur s'en occupa, s'en inquiéta jamais?

---

* Voyez la note à la fin.

Les remords ! le repentir ! On peut les supposer chez celui qu'un égarement passager entraîna au mal, qui ne fut criminel que par occasion.

Mais est-il logique de généraliser des cas particuliers ? Combien de fois n'a-t-on pas vu des criminels mourir comme ils avaient vécu, dans le plus affreux endurcissement* ?

Que prouve l'exemple de cet assassin qui, après avoir commis le crime avec d'horribles circonstances, après avoir entendu les débats et son arrêt de mort avec calme et impassibilité, perdit tout son courage à l'heure de la mort. *Durant les préparatifs du supplice, on le vit priant et pressant dans ses bras un crucifix.* Je ne suis point touché de la conséquence que tire de là M. Ch. Lucas, lorsqu'il s'écrie : « En » montrant, chez un tel scélérat, le triomphe

---

* On verra, plus bas, que je ne veux pas la peine de mort indistinctement pour tous les grands crimes. Je demande au contraire qu'elle soit simplement facultative pour les juges. Alors, à la moindre lueur de repentir réel chez le coupable, les magistrats se garderont de le livrer au supplice.

» du repentir, je le demande, est-il permis
» de désespérer d'un criminel? »

Pardonnez si je dissipe une erreur qui a de quoi plaire; mais je le demanderai à mon tour: est-il bien sûr qu'il y eut là du repentir? N'était-ce pas plutôt l'effet de l'abattement et de la détresse? Est-ce bien au milieu de l'anéantissement des facultés physiques et intellectuelles qu'on peut juger des véritables sentimens de l'homme?

Supposons qu'au lieu de la mort, il n'eût été condamné qu'à un emprisonnement; supposons qu'il parvienne à s'évader. Montrez-moi ensuite cet homme, qui avait conservé devant ses juges une féroce insensibilité, et que l'aspect du supplice seul a pu ébranler, montrez-le moi revenu miraculeusement à la vertu; alors, mais alors seulement j'ajouterai foi à ses remords.

Est-ce donc sur un si fragile espoir qu'on peut livrer la société sans défense aux sanguinaires projets des bandits de profession?

Religion! conscience! philosophie! à Dieu ne plaise que je veuille méconnaître votre utile appui! continuez de fortifier les cœurs honnêtes, de raffermir la vertu chancelante.

Mais abandonnez à la justice pénale, qui les réclame, les monstres endurcis aux forfaits, sur lesquels votre douce influence ne peut rien.

Je passerai rapidement sur quelques objections qui ne figurent que comme accessoires et, en quelque sorte, pour faire nombre.

On craint, par exemple, que le spectacle des supplices ne finisse par rendre les mœurs féroces.

Les exécutions ne sont pas assez multipliées * pour produire un pareil résultat.

Et d'ailleurs, comme pour détruire l'effet de cette supposition, on cite des traits qui semblent prouver que l'impression produite sur les masses par l'aspect d'un supplicié, est celle de la pitié. Qu'il y a loin d'un pareil sentiment à l'endurcissement qu'on suppose !

Est-il plus exact de dire que la vue des échafauds amène et entretient la fureur du duel ?

Cette maladie de l'humanité, comme l'a très-

* Elles deviendraient bien plus rares encore, en adoptant le système que j'indiquerai plus bas.

judicieusement fait remarquer M. Eusèbe Salverte, n'était point connue des anciens, qui pourtant admettaient la peine de mort.

Elle n'est donc point l'effet de celle-ci. Le faux point-d'honneur qui la cause est hors de l'influence de toute législation pénale.

Qui croira encore que les cabinets étrangers, délibérant sur une guerre projetée, seront émus par la considération que la peine de mort n'existe plus chez nous ?

Est-ce bien par des éventualités si éloignées, si contestables, qu'on doit se décider à désarmer la société, en présence des malfaiteurs ?

Enfin on va jusqu'à nier la possibilité d'une justice purement humaine.

» Dieu seul, dit-on, lit au fond des cons-
» ciences. Dans tout acte, l'effet seul nous
» arrive; mais l'intention nous échappe. La
» justice humaine ne saisit complètement, ni
» l'intention pour déterminer la criminalité
» relative de l'agent, ni la loi pour détermi-
» ner la criminalité absolue de l'acte *. »

Avec de pareilles idées, c'est peu de fermer

---

* M. Ch. Lucas, *du système pénal*, chapitre 10.

les prisons, il faut aussi supprimer les tribunaux ; il faut même renoncer à votre système pénitentiaire ; car quel droit avez-vous de me condamner à faire pénitence, si vous n'êtes pas sûr que j'aie péché ?

Passons à des difficultés plus sérieuses.

On fait observer que l'énormité de la peine engendre l'impunité ; que les jurés se refusent souvent à rendre une déclaration de culpabilité qui conduirait à la mort. On invoque, à l'appui, des tableaux statistiques, suivant lesquels les accusés pour crimes de fausse monnaie, d'incendie, d'infanticide auraient été absous dans la proportion d'environ soixante-douze sur cent. « C'est donc à peine, ajoute-» t-on, si le quart de ces crimes à été puni * »

Quel est ce raisonnement, qui n'a de base qu'en présumant le crime chez tous les accusés, qu'en réputant coupables tous ceux qui ont été absous ?

Mais enfin, tenons pour exact le calcul sur lequel repose l'objection ; que conclure de là ?

---

* M. Béranger, rapport à la Chambre des Députés, séance du 7 octobre 1830.

Que, pour certains cas, la peine de mort est trop sévère, qu'on l'a trop prodiguée ; voilà tout.

Ainsi ce n'est que l'abus de la chose qu'on démontre. On n'a rien prouvé contre le principe.

Sans doute, dans le Code pénal qui nous régit, les peines ne sont pas toujours équitablement distribuées. Il en résulte souvent l'impunité.

N'y a-t-il d'autre remède à ce mal que l'abolition absolue de la peine de mort ?

Cette matière est grave ; elle mérite un examen approfondi.

CHAPITRE III.

Vices du Code pénal dans la distribution des peines.

» La justice moderne, par l'uniformité de supplice, a banni du talion toute l'idée de justice qui était dans la variété de ses pratiques. Quelque horrible que fut ce luxe de supplices, il répondait à cette idée vraie de justice proportionnelle, sans laquelle la pénalité ne peut plus se concevoir. La justice moderne consent bien à suivre, par une progression de peines, le coupable depuis la contravention jusqu'au meurtre ; mais l'échelle s'arrête là. Ce n'est que pour le parricide et pour le régicide qu'elle a un degré de plus. Quelle singulière anomalie ! Pour les moindres crimes elle veut une penalité proportionnelle, et elle admet une peine egale, uniforme, pour l'opposer à l'effroyable inégalité des plus grands forfaits. »

Ainsi s'exprime M. Ch. Lucas; et, cette fois, nous sommes entièrement d'accord. Le vice qu'on signale déshonore vraiment notre Code pénal. Je veux le rendre plus sensible encore par quelques exemples.

Je prends au hasard l'art 76 du Code pénal, et je suppose deux accusés, traduits devant les mêmes jurés, en vertu de cet article *.

Le premier est un personnage puissant dans l'état : il a appelé et secondé l'invasion étrangère. Sa trahison a mis le pays à deux doigts de sa perte; le salut de la patrie a été acheté par des flots de sang français. Il paraît devant ses juges, chargé de la malédiction des veuves et des orphelins qu'il a faits. Sa sentence est prononcée et il n'y a qu'une voix pour

---

* En voici le texte : « QUICONQUE aura pratiqué des » machinations ou *entretenu des intelligences* avec les » puissances étrangères ou *leurs agens* pour les *engager* » à commettre des hostilités ou à entreprendre la guerre » contre la France, ou pour leur en procurer les moyens, » SERA *puni de mort*.

» Cette disposition aura lieu dans le cas même où » lesdites machinations ou intelligences *n'auraient pas* » *été suivies d'hostilités*. »

dire : « Qu'il en advienne autant, à qui fera comme lui ! »

Mais voici qu'on appelle l'autre cause.

Quel est cet homme placé entre deux gendarmes ? Un misérable sans fortune, sans influence, ignoré jusque-là hors de sa chétive commune. Il a entretenu une correspondance avec quelque agent subalterne d'un duc de Modène ou d'un prince de Monaco ! Il excitait à commettre des hostilités contre ses concitoyens. Mais son impuissante voix s'est perdue dans les antichambres. Le pays n'a souffert ni pu souffrir de ses absurdes tentatives.

J'entends son défenseur s'écrier : « C'est à Charenton et non à la place de Grève qu'il faut envoyer un tel insensé ! »

Eh bien ! l'article 76 a parlé, et les juges sont forcés de lui appliquer la même peine qu'à l'affreux scélérat qui a ébranlé l'état et porté la désolation et le deuil dans les familles !

D'après les articles 434 et 435 du Code pénal, on punira du même supplice et le feu mis à une meule de paille et l'incendie d'une ville entière avec ses nombreux habitans !

On ne sait ce qui révolte le plus ou de cette

effrayante uniformité de peines pour des crimes si inégaux ou de cette cruauté draconnienne contre des infractions si légères à proportion du châtiment.

Non, une telle loi ne saurait être exécutée. Forcés de choisir entre l'impunité du coupable et l'atrocité de la punition, les jurés opteront pour l'impunité.

C'est bien vainement que le législateur leur prescrit de ne jamais considérer les suites que pourra avoir, par rapport à l'accusé, la déclaration qu'ils ont à faire.

« Leur conscience, dit M. Bérenger *, parlera plus haut qu'un serment arraché par la force, et donnera un démenti à la sagesse de vos lois. L'omnipotence du jury deviendra, comme en Angleterre, et souvent comme en France, le correctif nécessaire de votre législation pénale. »

Gardons-nous bien pourtant d'un pareil correctif, puisqu'il n'existe que par la violation du serment.

---

* Rapport à la Chambre des Députés, *Moniteur* du 7 octobre 1830.

C'est un grand scandale que ce parjure continuel, commis dans le sanctuaire et par les ministres même de la justice ! La loi qui produit un pareil résultat, n'hésitons pas à le dire, est une loi immorale.

Quel danger pour les mœurs, que de familiariser ainsi avec le mensonge, que de condamner ainsi au parjure l'élite des citoyens ! Quel exemple donneront-ils aux autres? Quelle leçon en recueilleront-ils pour eux-mêmes ?

Tel est donc l'effet du système pénal actuel :

Injuste égalité de châtimens pour des crimes inégaux ;

Peines barbares pour des infractions légères ;

Scandale de la loi violée par le parjure des jurés ;

Impunité, devenue un encouragement pour les malfaiteurs.

Je conçois le déchaînement universel contre un pareil ordre de choses. Je me joins volontiers à ceux qui en demandent l'amélioration.

Le vice est flagrant. Il est grave. Qu'en est-il résulté ?

Des esprits ardens, enthousiastes, révoltés de l'injustice, n'ont plus considéré, dans la peine de mort, que le terrible abus qu'on en fait. Dans leur préoccupation, ils ont dépassé le but, et sont tombés d'un excès dans l'autre.

Généralisant les cas particuliers où le supplice est excessif, on a dit : il est toujours injuste !

Voyant les jurés se refuser souvent à son infliction, on s'est écrié : il est impopulaire !

Témoin de l'impunité qu'il produit quelquefois, et de l'encouragement au crime qui en dérive, on a répété à l'envi : il n'est point préventif !

On a fini par conclure à son abolition entière, absolue.

Et pourtant apparaissent de loin en loin de ces forfaits atroces qui excitent l'horreur universelle. C'est ainsi que la mémoire conservera les noms odieux des Léger, des Castaing, des Papavoine ; et, en se rappelant leur supplice, est-il quelqu'un qui dise : il ne fut point mérité !

D'un autre côté, si l'on parvenait à proportionner les peines aux infractions, croit-on que la violation de la loi continuerait à enhardir au crime par l'impunité ?

Il y a donc évidente exagération dans chacune de ces deux opinions, dont l'une veut toujours la mort, l'autre jamais.

Il faut, de toute nécessité, chercher un terme moyen entre ces deux extrêmes.

Notre législation criminelle est devenue l'objet de trop vives et trop justes attaques pour pouvoir résister plus long-temps à la réprobation générale.

Les lois pénales n'ont d'effet moral qu'autant qu'elles sont en harmonie avec les mœurs et l'équité. Dès l'instant que leur justice est mise en doute, il faut s'attendre à les voir éludées, souvent même violées ouvertement. C'est ce qui nous arrive.

Nous sommes en présence de deux intérêts distincts :

Celui des accusés, de n'être soumis qu'à des châtimens proportionnés à l'infraction ;

Celui de la société, de n'être point troublée par l'impunité de scélérats avérés, qui en deviennent plus audacieux.

En atteignant ce double but, on aura posé la clé de la voûte.

Pour obtenir ce résultat, il importe de se rendre compte des causes qui ont produit le vice dont est entachée notre législation. Quand le principe du mal sera connu, le remède s'offrira de lui-même.

C'est dans ce but, que je vais jeter un coup-d'œil rapide sur les diverses phases de notre législation criminelle.

CHAPITRE IV.

De divers systèmes de pénalité.

Le pouvoir législatif et le pouvoir judiciaire doivent concourir simultanément, mais par une action différente, à la distribution des peines.

Or, chacun de ces pouvoirs a tour-à-tour confisqué l'autre à son profit, au grand détriment de la justice et de l'humanité.

Sous l'ancienne monarchie, la loi semblait avoir abdiqué ses droits en faveur des tribunaux. Rien n'était plus fréquent autrefois que ces dispositions législatives : « Tel crime ou tel délit sera puni d'une amende ou d'une peine *arbitraires !* »

Cet abus se liait avec le droit que s'étaient arrogé les parlemens d'empiéter sur les fonctions législatives, en faisant des arrêts de réglement.

On conçoit toutes les injustices qui devaient s'ensuivre. Il n'y avait plus ni liberté, ni sécurité là où l'arbitraire était érigé en loi.

Enfin parut l'Assemblée Constituante.

On y sentit le besoin de faire cesser un pareil désordre. Mais la haîne pour un régime odieux fit passer d'un extrême à l'autre.

Auparavant les juges étaient tout.

A l'Assemblée Constituante, on voulut qu'ils ne fussent plus rien.

« Il est un autre caractère, disait M. Le-
» pelletier de Saint-Fargeau *, que vos pré-
» cédens décrets rendent inséparable de toute
» loi pénale : c'est d'établir, pour chaque dé-
» lit, une peine *fixe* et *déterminée*.

» Les jurés jugent de la vérité du fait.

» Le tribunal applique la loi.

» Cette forme exclut tout *arbitraire*.

» Aujourd'hui *toute nuance du fait est*
» *étrangère au juge*.

» Il faut qu'il ouvre la loi, et qu'il y trouve

---

* Dans son rapport sur le projet de Code pénal, fait au nom des comités de constitution et de législation criminelle, séances des 22 et 23 mai 1791.

» une peine *précise*, applicable au fait déterminé. Son *seul* devoir est de *prononcer* cette peine. »

Tels étaient les principes exposés à l'Assemblée Constituante.

C'est sous leur influence qu'ont été écrits les articles du Code pénal actuel, où est portée la peine de mort *.

Sous l'empire d'une pareille législation, les magistrats ont cessé d'être juges.

Ils ne sont appréciateurs ni du fait, ni du droit.

Les jurés déclarent le fait. La loi détermine la peine.

Qu'ont à faire ensuite les tribunaux ? Ils ne sont plus que des instrumens à condamnation. Il ne leur reste qu'à lire la sentence. Un greffier suffisait pour de telles fonctions !

---

* Dans tous les articles où le Code pénal porte la peine capitale, il s'exprime ainsi : *Quiconque* aura fait telle chose.... SERA *puni de mort*. Le fait une fois constaté, les magistrats sont forcés, bon gré mal gré, d'infliger le supplice. C'est de cette manière qu'on a rendu les peines fixes et déterminées.

Mais, du moins, les accusés y trouvent-ils leur profit ? Non.

On n'a écarté l'arbitraire du juge que pour en établir un autre, plus dangereux encore, l'arbitraire de la loi.

En effet, *toute nuance du fait étant étrangère au juge*, ce n'est pas à lui qu'on doit demander une juste graduation entre la peine et le crime.

Mais cette graduation échappe au législateur. M. Lepelletier de Saint-Fargeau reconnaît lui-même l'impossibilité de classer à l'avance et avec exactitude des faits éminemment variables. Il avoue que c'est là une difficulté insoluble.

Vouloir, malgré cela, que la loi porte elle-même, et par avance, une peine invariable contre des faits qui se nuancent à l'infini, c'est la faire frapper en aveugle, c'est renoncer à toute proportion entre le crime et le châtiment.

Ainsi sortie de ses limites, la loi est comme un fleuve débordé qui, au lieu de fertiliser le pays, détruit et ravage tout sur son passage.

Et pourtant la proportion exacte entre la gravité des peines et l'atrocité des crimes est

la condition impérieuse de toute législation criminelle ; car, ainsi que le dit M. Bérenger, « selon le motif qui a produit le crime, le de-
» gré de perversité est plus ou moins grand,
» la peine doit être plus ou moins sévère *. »

Il faut donc que quelqu'un apprécie la criminalité des faits particuliers dans leur rapport, avec la peine qu'ils doivent encourir.

Cette appréciation, impossible au législateur, prohibée au juge, qui la fera ?

Reste bien le jury. Mais la loi lui défend, avec raison, d'avoir égard à la peine qui doit être l'effet de sa déclaration.

Ainsi, sur trois pouvoirs qui concourent aux jugemens, les deux qui pourraient apprécier la moralité des actes incriminés, dans leur rapport avec la punition, ne doivent pas le faire ; c'est celui qui ne peut pas en juger qui se charge de déterminer la peine ! Et l'on voit des hommes ainsi condamnés et mis à mort !

Une pareille position n'était pas tenable. Il fallait en sortir à tout prix.

---

* Rapport à la Chambre des Députés.

On a imaginé pour cela *l'omnipotence du jury*.

On a dit : la loi ne demande pas simplement au jury si tel fait a eu lieu, mais si l'accusé est *coupable* de l'avoir commis. L'appréciation de la culpabilité appartient donc aux jurés. Dès-lors, malgré son aveu de l'acte incriminé, on peut encore déclarer l'accusé non coupable et l'absoudre.

Ainsi, un jeune homme est accusé d'un vol commis dans une auberge. Il reconnaît le fait, et les jurés répondent : non, il n'est pas coupable de vol dans une auberge ! *

C'est ainsi qu'on a vu plusieurs fois le jury anglais dire que dix livres sterling ne valaient que 39 schellings !

Tels sont les jugemens auxquels on applaudit et qu'on proclame comme des exemples à suivre.

Entendue de la sorte, l'omnipotence du jury n'est autre chose qu'une rébellion ouverte contre la loi.

Cette monstrueuse doctrine a acquis tant

---

* Cet exemple est emprunté à la *Gazette des Tribunaux*.

de crédit, que M. le comte Portalis a crû devoir la combattre solennellement devant la première cour du royaume.

« Une fausse doctrine, a dit ce magistrat, » cherche à se propager, qui tend à déplacer » les pouvoirs publics, à intervertir les fonc-» tions, à introduire la confusion dans l'ordre » judiciaire. On voudrait persuader aux jurés » qu'ils ne doivent pas seulement apprécier » les faits, mais les lois; que s'ils sont les or-» ganes officiels de la vérité, ils sont aussi les » ministres de la justice; que leur puissance » domine toutes les juridictions et qu'ils ont » le droit de pardonner aux criminels comme » ils ont l'obligation de les déclarer convain-» cus.

» C'est une erreur qu'il est de notre devoir » de combattre. Non-seulement les jurés ne » sont point juges, mais toutes fonctions judi-» ciaires sont incompatibles avec leurs fonc-» tions. Leur ministère est assez beau pour » qu'on ne cherche point à le dénaturer en s'ef-» forçant de le grandir. Appréciateurs souve-» rains de la vérité des faits, c'est parce qu'ils » ne sont point juges que leurs déclarations » sont sans appel et sans recours. La loi les

» charge de constater, en présence et au nom
» du pays, la réalité de l'action qui constitue
» le fait incriminé et la moralité de l'action
» qui en fut le mobile. Après s'être religieuse-
» ment interrogés dans la retraite et le recueil-
» lement, ils prennent publiquement à témoin
» le divin auteur de toute vérité et de toute
» justice, et manifestent leur conviction avec
» solennité. Et cet oracle de la conscience et
» de l'honneur pourrait n'être pas véridique!
» on voudrait qu'il fût loisible aux jurés de
» déroger à la sévérité des lois par le men-
» songe; qu'ils pussent substituer en quelque
» sorte l'acte d'accusation du législateur au
» *verdict* de culpabilité que la conscience leur
» dicte contre un accusé convaincu! Mais il
» faudrait donc désespérer de voir jamais la
» vérité servir de base aux jugemens humains,
» si on n'était certain qu'elle brillera de tout
» son éclat en une occasion si sainte, au milieu
» de formes si religieuses! * »

---

* Discours de rentrée, à l'audience solennelle de la Cour de Cassation du 3 novembre 1829. *Gazette des Tribunaux* du 4 novembre 1829.

Le système de l'omnipotence du jury bouleverse de fond en comble toute la législation pénale.

J'ai montré tantôt l'arbitraire du juge.

Nous avons vu ensuite celui de la loi.

Maintenant voici l'arbitraire du jury.

C'est un troisième pouvoir qui envahit les deux autres et règne, en despote, sur leurs débris.

Devant sa toute-puissance, disparaissent le législateur et le juge.

Le législateur n'a plus que des prescriptions inutiles.

Le juge est réduit à l'impuissance d'infliger les peines portées par la loi.

La loi déclare punissable tel fait.

Ce fait est constant et avoué.

Les jurés répondent qu'on n'est pas coupable pour l'avoir commis.

Et les juges sont forcés d'être témoins d'une entière impunité.

La justice est livrée à la merci de douze jurés.

Suivant qu'un accusé sera traduit devant tel jury ou tel autre, il sera condamné ou absous !

En vérité, n'est-ce pas introduire l'anarchie dans la distribution des peines ?

On dit que cet arbitraire est sans danger, parce qu'il s'exerce au profit des accusés. Très-bien, s'il ne s'agissait que de l'intérêt des coupables. Mais il y a aussi celui de la société qu'on oublie.

Ce n'est point par esprit de vengeance que la loi punit. C'est pour la sécurité des citoyens qu'elle frappe les méchans. Il importe à la société que la répression ne soit pas mise en loterie, et que l'impunité de coupables avérés ne devienne pas pour eux et leurs imitateurs un encouragement à de nouveaux crimes.

Que l'on cesse donc de poser en principe cette omnipotence du jury, qui ne peut se justifier que comme correctif d'une loi vicieuse.

Supprimez le vice, et il ne restera du correctif que son illégalité et ses dangers.

Faites que les jurés ne puissent plus se dire: En prononçant selon ma conscience et la vérité, je deviendrai complice d'une injustice; et, dès-lors, suivant l'expression de M. Mermilliod, l'omnipotence du jury restera un mot sans application, qui prendra rang dans nos souvenirs, comme symbole d'un conflit entre les mœurs et la législation.

Je ne sais si je m'abuse; mais il me semble clair maintenant que le désordre qui règne dans l'administration de la justice doit être attribué surtout à la confusion trop long-temps faite entre les fonctions du législateur et celles des diverses branches de l'autorité judiciaire.

Essayons de poser les limites de chaque pouvoir. Peut-être verrons-nous après s'applanir bien des obstacles.

CHAPITRE V.

Des fonctions du Législateur.

La première condition pour qu'il y ait justice dans l'infliction des châtimens est que les peines soient déterminées et connues à l'avance, afin qu'il n'y ait ni surprise, ni arbitraire.

C'est là le domaine du législateur.

A lui seul appartient la qualification des faits punissables et la notification des peines qu'ils feront encourir.

Mais lorsqu'on a voulu qu'empiétant sur la prérogative des tribunaux, le législateur enchaînât à l'avance la conscience du juge et lui dictât une peine invariable pour tous les cas, on a blessé à-la-fois la nature des choses et les principes du droit.

La nature des choses ! car on exige en cela du législateur ce qui est hors de sa puissance.

La loi peut apprécier les caractères généraux des crimes, jamais les nuances diverses des faits particuliers.

Elle peut prévoir le cas de l'assassinat; mais elle ne saurait préciser d'avance les mille circonstances qui peuvent le produire et dont chacune suppose un degré de perversité différent.

Un homme, dans l'égarement d'un transport jaloux, ôte la vie à celle qu'il aime. Son crime est-il comparable à celui de l'atroce scélérat qui joint l'assassinat au viol, et va lui-même précipiter dans l'Isère les restes encore palpitans de sa victime? Un malheureux tombant d'inanition dérobe un pain. Pris sur le fait, il se défend et donne la mort. Le mettra-t-on sur la même ligne que les bandits qui volent et tuent par métier?

Pour que le législateur pût tout régler lui-même, il faudrait donc qu'il prévît les cas de la jalousie, de la faim, de la colère, de la vengeance, etc., etc. Il faudrait qu'il analysât toutes les passions qui travaillent le cœur humain; et, même alors, il n'en serait pas plus avancé, car quelles différences ne se manifestent pas entre des crimes prenant leur source dans une affection commune? Il faudrait qu'il fit une loi pour chaque homme, s'il voulait déterminer les motifs de chaque action. La qualité, indispensable dès-lors au législateur, serait le don de prophétie!

Cette vérité de fait fut reconnue à l'Assemblée Constituante par ceux-là même qui proposaient d'établir pour chaque crime une peine fixe et déterminée.

« Cette forme, disait M. Lepelletier de St-» Fargeau *, rejette sur les législateurs la » nécessité de prévoir un plus grand nombre » de cas, de spécifier des nuances plus va-» riées, de déterminer plus de faits et toujours » d'être précis dans la prononciation de la » peine établie par chaque article.

» Voilà, messieurs, une des grandes diffi-» cultés de la tâche que vous nous avez im-» posée. Nous ne nous flattons pas même » d'avoir pu la surmonter totalement, car *il » est démontré qu'elle est insoluble*. Le nombre

---

* Dans son rapport à l'Assemblée Constituante, au nom des Comités de constitution et législation criminelle.

» des peines est borné, même pour le génie » inventif d'un tyran. Les nuances des crimes » sont aussi variées que les nuances des phy- » sionomies, et il nous a paru que le mieux » dont il fallait se contenter, c'était de saisir » dans les délits les *traits les plus prononcés* » *et les plus marquans* soit d'immoralité, soit » de danger pour l'ordre social, sans préten- » dre atteindre la *perfection chimérique* d'un » travail qui spécifiât toutes les formes sous » lesquelles peuvent se manifester les effets de » la méchanceté des hommes. »

S'il en est ainsi, la conséquence se présente d'elle-même.

Puisqu'il est reconnu que le législateur ne peut pas deviner le degré d'immoralité des faits particuliers, il ne doit pas se rendre l'arbitre de la graduation de châtimens que chaque cas comporte. Il doit en abandonner le soin à d'autres pouvoirs, et éviter de mettre obstacle à cette graduation en portant des peines fixes et invariables.

Et ce qu'exige la nature des choses, les principes du droit le réclament non moins impérieusement.

Pourquoi est-il si important qu'il ne puisse

y avoir de peine sans une loi antérieure qui en autorise l'infliction ?

Parce qu'il faut que chacun connaisse à l'avance les actes dont il doit s'abstenir pour n'être pas puni.

S'il en était autrement, la criminalité d'un fait pourrait varier suivant le temps et les lieux, suivant les idées particulières de chaque juge.

On serait exposé à s'entendre dire : « vous n'avez pas détourné le coup qu'un assassin portait à sa victime ; vous êtes son complice. »

» Vous avez laissé périr, faute de secours, un malheureux blessé sur la grande route ; vous êtes un meurtrier ! »

» Vous avez employé la ruse pour extorquer un marché ruineux ; vous êtes un voleur ! etc, etc.

Que serait-ce si les idées religieuses ou les passions politiques venaient à se mettre de la partie ?

Permettez aux juges de punir, à leur gré, toute action qui leur paraîtra méchante, et il n'y aura plus de sécurité pour personne. Il est peu d'actes de la vie qui ne pussent être transformés en crimes ou en délits. Les appréhensions seraient d'autant plus vives, qu'on ne saurait par où l'on peut être attaqué. Vous réduiriez chaque homme à la condition de cet individu qui, croyant son corps de verre, craignait de faire un seul pas de peur de se briser au premier choc.

C'est pour prévenir ces incertitudes et dissiper ces alarmes, qu'il faut que les faits punissables et les peines qui y sont attachées soient promulgués par la loi.

Chacun alors se tient pour avisé et sait à quoi il s'expose en faisant une action quelconque.

Une fois cet avertissement général solennellement donné, la loi n'a plus rien à faire.

Elle doit s'en tenir là, parce que la sécurité publique n'en demande pas davantage ; parce qu'elle ne saurait pousser plus loin ses prévisions.

Elle le doit, parce qu'ainsi le veulent les règles de sa compétence.

Il est de l'essence de la loi de ne prendre les hommes qu'en masse. Elle ne parle jamais aux individus, mais au corps entier de la société.

En droit, comme en fait, l'appréciation

des cas particuliers est au-dessus de sa prévoyance.

Elle ne peut que fixer les limites de la pénalité, et tracer les règles d'après lesquelles les tribunaux doivent juger; elle ne doit pas juger elle-même. Or, elle juge évidemment lorsqu'elle prononce prématurément une peine immuable, lorsqu'elle réduit le ministère du juge à lire la sentence.

Ainsi, deux grands principes dominent la matière.

Le premier, que nul ne peut être frappé sans qu'on l'ait averti. C'est à la loi qu'il appartient de mettre la société en demeure et de lui faire connaître les peines que tel ou tel crime peut faire encourir.

Le second principe est, que la punition doit être proportionnée à la gravité du crime commis.

Dès ce moment, il ne s'agit plus que de l'appréciation de faits particuliers.

Là finissent les fonctions de la loi et commencent celles du pouvoir judiciaire. Ce dernier, pouvant seul vérifier le degré d'immoralité de chaque acte, devient arbitre nécessaire de la graduation du châtiment.

Il ne doit pas y avoir de peine arbitraire ; c'est-à-dire, qu'il ne doit en être infligé aucune sans une loi qui l'autorise.

La loi prendra donc dans chaque crime, comme dit M. Lepelletier de Saint-Fargeau, *les traits les plus prononcés et les plus marquans*. Elle les rangera dans une classification générale et par genres.

C'est ainsi que le Code pénal prévoit les crimes de vol commis de nuit ;

A main armée ;

Sur la voie publique ;

Le meurtre avec ou sans préméditation ;

Le faux monnoyage ;

L'infanticide ;

L'incendie ;

L'empoisonnement ;

Le parricide ;

La trahison contre l'État, etc, etc.

Et comme chacun de ces crimes admet des nuances infinies, au lieu de dire : quiconque s'en sera rendu coupable, SERA *puni de mort*, elle créera pour chacun d'eux une échelle pénale, qui ait des degrés applicables à toutes les nuances de culpabilité.

Ce sera ensuite à l'autorité judiciaire d'apprécier la moralité de chaque fait incriminé et d'y appliquer une punition proportionnée, mais prise dans les limites de la loi.

Ici les fonctions se divisent entre la Cour et le Jury ; c'est également ici que se manifeste la plus grande difficulté dans la fixation des limites de deux pouvoirs rivaux.

CHAPITRE VI.

Du Jury.

Pendant quinze années, le pays a été en état d'hostilité avec le gouvernement. Celui-ci combattait avec l'arme de la pénalité. Le pays se réfugia sous l'égide du jury.

Vainement décrétait-on des lois, fulminait-on des réquisitoires. Les jurés répondaient : Non, l'accusé n'est pas coupable; et les traits du pouvoir venaient expirer sans force contre le bouclier magique de l'omnipotence du jury.

C'était là de la guerre et non de la légalité. *Dolus an virtus quis in hoste requirat?*

L'origine et le but de l'omnipotence du jury semblaient donc devoir l'exclure des causes privées. On a pourtant fini par l'y admettre comme correctif de cette injuste disproportion de peines qui défigure le Code pénal. C'était remédier à un abus par un autre abus. Le mieux est de les faire disparaître tous deux.

J'ai montré, au chapitre précédent, comment la loi pouvait préluder et coopérer à la graduation des châtimens, en établissant une échelle pénale pour tous les crimes capitaux, au lieu de porter une peine fixe et invariable.

Mais il faut qu'à son tour le jury reste dans sa sphère, et s'en tienne au rôle qui lui est propre.

Il n'est arbitre que du point de fait. Il ne doit jamais s'occuper du droit, soit qu'il s'agisse de qualifier les faits punissables, ce qui est l'office de la loi, soit qu'il faille déterminer la pénalité applicable aux cas particuliers, ce qui forme la mission du juge.

C'est là une vérité triviale et qui semble n'avoir pas besoin de démonstration. Cependant, comme dans l'application elle est sans cesse méconnue, je crois nécessaire de la bien fixer, afin de pouvoir l'invoquer ensuite comme axiôme fondamental.

Pourquoi les *verdicts* des jurés ne donnent-ils jamais ouverture à cassation? Parce qu'ils sont réputés décisions en fait. Ils y seraient soumis s'ils portaient sur le droit. Les jurés ne pourraient s'immiscer dans l'appréciation du droit, sans dépouiller leur déclaration du caractère qui lui imprime le sceau de l'inviolabilité.

La loi leur défend, en outre, de jamais considérer les suites que pourra avoir leur *verdict*, par rapport à l'accusé *. Ils ne doivent donc pas juger le fait. Ils n'ont qu'à le vérifier.

Et c'est par le motif que leurs fonctions bornées à la constatation de faits positifs, sont simples et à la portée de toutes les intelligences, que la loi appelle tous les citoyens, payant un certain cens, à faire partie du jury, sans exiger d'eux des études préalables ni des connaissances particulières **.

Pour déterminer l'étendue des fonctions du jury, il s'agit donc de discerner ce qui tient au droit, et ce qui touche au point de fait.

Or, la question de savoir si un acte est punissable équivaut à celle-ci : est-on coupable ou non pour l'avoir commis ? C'est évidemment là une question de droit. Elle doit rester

---

* Code pénal, art. 342.

** Il a été jugé plusieurs fois qu'un homme illitéré pouvait être membre du jury.

étrangère au jury. L'ordre public y est intéressé. Il importe, en effet, nous l'avons déjà vu, que la culpabilité des actes soit fixée et connue antérieurement à l'accusation. Je conçois cette mise en demeure de la part de la loi dont le propre est de statuer sur des faits à venir; je ne la comprends plus de la part du jury, qui ne prononce que *à posteriori* sur des faits accomplis.

Mais s'agit-il de rechercher si l'acte auquel la loi attache le caractère de culpabilité a réellement eu lieu, il n'y a plus dès-lors qu'une question de fait. Nous voici dans le domaine du jury.

Le crime ou le délit peuvent être accompagnés de circonstances qui en changent la nature. Ainsi, il y a le meurtre avec ou sans provocation, le guet-à-pens, etc.

C'est encore à la loi de classer ces diverses hypothèses, d'en apprécier la criminalité et de fixer l'échelle pénale que chacune d'elles comporte.

Le ministère du jury consiste à vérifier dans laquelle des catégories légales rentre chaque fait particulier, tel qu'il a été établi par les débats.

Les jurés doivent donc en apprécier la moralité, non pour déduire le degré de culpabilité qui en résulte, mais pour déclarer à quelle classe de faits, qualifiés punissables par la loi, appartient l'acte incriminé.

Le fait une fois constaté, il ne dépend pas des jurés de le dénaturer, de le faire passer de la catégorie légale dans une autre moins punissable. Le guet-à-pens reconnu, il ne leur est pas permis de dire que le meurtre a eu lieu sans préméditation; ils n'ont pas le droit d'atténuer, encore moins de nier la culpabilité déterminée par la loi. S'ils font autrement, c'est un excès, un abus de pouvoir; car ils dérogent par-là à la loi qui avait prononcé la punissabilité du fait, et précisé l'étendue de cette punissabilité; ils usurpent les fonctions législatives.

Telle est pourtant l'omnipotence qu'on voudrait attribuer au jury. Ce serait l'investir précisément de l'arbitraire que nous avons déjà trouvé si dangereux dans le juge.

Les jurés, devenus maîtres d'absoudre ou de condamner à leur gré, il n'y aurait plus de fixité dans la classification des faits punissables faite par le législateur. Ce serait porter le trouble dans la société en faisant naître le doute sur l'infliction des châtimens, et enlever, par là, aux lois pénales, la principale utilité qu'on doit en attendre, savoir, leur efficacité morale et préventive.

Les menaces n'ont d'effet qu'en raison de la crainte qu'elles inspirent. « Si l'on admet » l'incertitude à un degré considérable, dit » M. Lucas, d'après M. Mill, aucune quantité » de mal ne pourra plus suffire. » Cette incertitude, l'omnipotence du jury la produit. Elle fait qu'on ne craint plus la menace, et c'est là une des causes du peu d'influence de la loi sur les méchans, et de la reproduction fréquente des mêmes crimes.

Revenons-en aux vrais principes.

La souveraineté du jury est relative et non absolue. Sa compétence est limitée au fait. Il prononce en dernier ressort sur la réalité de l'acte, ainsi que sur sa classification. Il ne lui appartient pas d'en juger la culpabilité. Il lui est défendu même d'y avoir égard. Loin d'être omnipotent sur ce dernier point, il y est sans qualité et sans pouvoir. Le privilége de statuer souverainement selon la loi, n'est pas le droit d'être tout-puissant contre la loi.

Pour dissiper toute équivoque, et pour marquer clairement que le jury n'est appelé à prononcer que sur le fait, je crois indispensable d'adopter un mode nouveau pour la position des questions, et de remplacer la formule usitée : « L'accusé est-il *coupable* d'avoir fait telle chose ? » par celle-ci : « Est-il *convaincu* d'avoir fait ? etc. »

La formule actuelle est sujette d'ailleurs à un double inconvénient.

S'agit-il d'un meurtre que l'accusé prétend avoir commis au cas de légitime défense, le président pose la question en ces termes : « L'accusé est-il coupable de meurtre ? »

Si on lui demande de soumettre au jury la question de légitime défense, il s'y refuse, disant que cette dernière question est implicitement comprise dans la première ; que la légitime défense détruisant la culpabilité légale, si elle est prouvée, les jurés répondront : L'accusé n'est pas coupable.

Il peut résulter de là, ou que le juré, ne se voyant poser qu'une question de culpabilité, s'en croie juge absolu ; et que, substituant sa volonté à celle de la loi, il déclare l'accusé non coupable, lors même que le fait qui constitue la non-culpabilité légale n'existerait pas.

Ou bien le jury, ne se croyant appelé à prononcer que sur le fait, pourra se refuser à rendre le verdict d'absolution, en présence d'un homicide constant, quoique justifié par la légitime défense. On en a vu des exemples.

Pour prévenir des résultats si abusifs, il faut qu'on ne puisse poser que des questions simples et précises.

Dans le cas que je viens de citer, on devra donc diviser la question, et dire : 1° un tel est-il convaincu d'homicide ? 2° Cet homicide a-t-il été commis au cas de légitime défense ?

Il faudra en outre que le jury soit toujours consulté sur toutes les circonstances qui peuvent changer la nature de l'acte incriminé.

Ainsi, dans l'hypothèse d'un meurtre où l'accusé soutient qu'il y a eu provocation, le président de la cour, usant du privilége que lui confère la loi, de poser les questions *résultant* de l'acte d'accusation et des débats, pourra ne pas soumettre au jury la question de provocation, sous prétexte qu'elle ne résulte, ni de l'acte d'accusation, ni des débats, et il sera dans son droit.

N'est-ce pas là anticiper sur les fonctions du jury ? N'est-ce pas constater un point de fait ? Et c'est parce qu'on l'a toujours entendu de la sorte que la position des questions par le président est réputée en dernier ressort, et qu'elle échappe à la censure de la cour de cassation.

Ainsi, le juge et le jury envahissent tour-à-tour le domaine l'un de l'autre. Là, le jury s'arroge le jugement de points de droit. Ici, on donne au juge des points de fait à décider.

Il est temps de faire cesser ce conflit d'autorités, cette collision de pouvoirs.

La position des questions n'est point une formalité insignifiante et d'étiquette. Elle est la pierre angulaire du jugement. Elle sert de base et de limite à la décision des jurés. Elle préjuge le sort de l'accusation et de l'accusé. Un point si capital ne saurait être abandonné au président. C'est à la cour toute entière à en connaître.

La cour, de son côté, ne devra envisager les faits que sous le rapport du droit qui en résulte.

Ainsi, quand un défenseur requerra qu'une

question soit soumise au jury, la cour n'aura à examiner qu'une chose, savoir : si, *en supposant le fait prouvé*, il modifie la nature de l'acte incriminé ; en un mot, si le fait qu'on veut mettre en question est pertinent et admissible.

Et comme la pertinence du fait constitue une pure question de droit, elle doit toujours donner lieu au pourvoi en cassation.

Mais, dans aucun cas, il ne doit être loisible à la cour de se refuser à la position d'une question, sous prétexte que le fait qui la motive ne résulterait pas des débats ; car c'est précisément ce dernier point, dont la constatation souveraine forme l'apanage du jury.

Les jurés, de leur côté, n'auront à vérifier que les faits sur lesquels ils seront formellement interrogés. Les questions seront précises, les réponses directes. Point d'arrière-pensées ni de restrictions mentales. Rien ne doit être laissé dans le vague, ni livré à l'arbitraire.

De cette manière, l'équilibre sera rétabli entre les diverses branches de l'autorité judiciaire. La division des pouvoirs cessera d'être une chimère.

La théorie des jugemens par jury sera ramenée à ses véritables principes.

La loi détermine la punissabilité.

Les jurés constatent le fait.

Les magistrats le jugent.

Avant d'en finir sur cette matière, j'ai encore une imperfection à signaler. Je n'aime pas ce résumé des débats, que le président doit faire. Il a pour premier effet de favoriser la paresse naturelle à quelques jurés. Il en est qui, se fiant là-dessus, se dispensent de prêter aux débats une attention soutenue et toujours fatigante.

D'un autre côté, quelque impartial que soit un homme, il est difficile qu'il ne soit pas maîtrisé par son opinion personnelle, qu'il ne la laisse jamais percer. Il faut un rare talent pour tenir la balance toujours égale et ne penchant d'aucun côté.

On voit souvent les feuilles publiques adresser des éloges à des présidens sur leur impartialité. On ne loue pas ce qui se fait toujours.

Et c'est impressionnés par cet exposé, que les jurés s'en vont délibérer. Il ne doit pas en être ainsi.

Le juré doit être tout aux débats. C'est là, ce n'est que là qu'il doit puiser sa conviction. Il n'a d'autre guide à suivre que sa conscience et ses propres souvenirs. Si les jurés étaient incapables de se former eux-mêmes un avis, il faudrait renoncer à l'institution du jury. Et, lorsque leur opinion est légalement présumée faite, que peut-on encore avoir à leur dire? Ecartons loin d'eux toute influence étrangère, quelque honorable qu'en soit la source. Que rien ne les détourne, ne les gêne dans l'exercice du droit où ils sont réellement souverains. C'est alors que leur *verdict* sera une vérité.

CHAPITRE VII.

Des fonctions du Juge.

Le verdict des jurés une fois rendu, c'est au juge de choisir, dans l'échelle pénale de la catégorie à laquelle le fait appartient, une peine proportionnée à la gravité du crime.

Le juge devra donc apprécier le fait; mais sous un autre point de vue que les jurés. Il l'envisagera sous le rapport du droit, et comparativement à la peine qu'il mérite. C'est du fait que naît le droit, et un juge qui prononcerait sur un fait inconnu serait exposé à rendre de singulières décisions.

Par cela seul qu'il est l'arbitre et le dispensateur de la peine, il faut qu'il connaisse parfaitement toutes les circonstances qui peuvent influer sur sa graduation.

Cette connaissance, il ne peut la puiser dans la loi, car elle ne détermine que les caractères généraux des crimes.

Il ne peut la trouver dans la déclaration du jury, puisqu'il ne répond que par *oui* ou par *non*.

Il ne peut donc l'acquérir que par un examen personnel et approfondi des faits soumis à son jugement.

Ainsi, aucun châtiment ne sera prononcé, si ce n'est en vertu d'une loi; et l'on verra, en même temps, disparaître cette odieuse uniformité de peines pour des crimes évidemment inégaux.

Ces nuances si multipliées, qu'il n'était pas possible à la loi de prévoir, le juge est en position de les apprécier toutes à leur juste valeur.

Les élémens divers de l'accusation sont sous ses yeux. Il entend les témoins. Il voit l'accusé. Il juge par son geste, son regard, son attitude, de ses sentimens intérieurs. Il lit sur son front l'endurcissement ou le repentir. Il connaît ses antécédens. Il l'interroge. Il l'écoute. C'est alors qu'il est possible de vérifier la cause et les motifs du crime, ainsi que le degré de perversité qu'il suppose *.

---

* On ne peut donc admettre que sous modification,

Rendez donc aux magistrats les prérogatives qui leur sont propres. Tracez autour d'eux un cercle d'où ils ne puissent sortir. Prémunissez-vous contre tout arbitraire de leur part. Mais laissez-leur la latitude convenable pour proportionner le châtiment à l'offense. Qu'ils ne puissent choisir les peines que dans les limites légales. Mais donnez-leur le pouvoir d'être indulgens là où la sévérité deviendrait une barbarie.

Et qu'on ne pense pas que les idées que

---

l'opinion émise par M. Bérenger, dans son rapport à la Chambre des Députés, où il dit : « Il faudrait fouil-» ler bien avant dans le cœur de l'homme, pour y dé-» couvrir l'origine, le principe, la cause des divers » crimes qu'il est entraîné à commettre. Cette étude » serait salutaire. *C'est l'une de celles qui doit le plus oc-» cuper le législateur;* car, selon le motif qui a produit » le crime, le degré de perversité est plus grand; la » peine doit être plus ou moins sévère. »

M. Bérenger attribue au législateur une mission qui appartient au juge, et ne peut être bien remplie que par lui. La loi ne doit s'occuper que des traits les plus saillans des crimes en général, et jamais des motifs particuliers de chaque espèce.

j'expose soient une théorie purement systématique. Ce sont des principes dont l'utilité pratique a déjà reçu la sanction de l'expérience.

Pour toutes les peines, inférieures à celle de mort, le Code pénal a déterminé un *maximum* et un *minimum* dont les juges sont les modérateurs.

Par quelle raison, en serait-il autrement pour les crimes capitaux ?

Serait-ce que, la mort étant le dernier degré de la pénalité, on a voulu qu'elle ne dépendît jamais de l'arbitraire du juge ; et aurait-on crû trouver en cela une garantie pour les accusés ?

Singulière garantie que celle qui, confondant dans une même punition des crimes inégaux, force le juge à prononcer indistinctement la mort !

Loin d'être protectrice, la loi ressemble alors à ce tyran de l'antiquité qui étendait ses victimes sur un lit de fer, tranchant aux unes la partie du corps qui dépassait, et disloquant cruellement les membres des autres pour leur faire atteindre le fatal niveau.

Je tremblerais devant un pouvoir dictatorial pouvant frapper sans règle ni mesure, et maître d'infliger le supplice selon son bon plaisir. C'est la justice du Cadi. Telle ne devait point être celle de nos magistrats.

Mais je ne conçois pas la qualification d'arbitraire appliquée à la faculté d'adoucir la rigueur des peines, tout en se renfermant dans les bornes fixées par la loi.

Au surplus, si l'intérêt des accusés exige que les peines soient fixes et invariablement déterminées par la loi, pourquoi y a-t-il, pour les dix-neuf vingtièmes des cas prévus par le code pénal, un *maximum* et un *minimum* dont les magistrats sont arbitres souverains?

Si l'équité et la justice veulent que la graduation des peines soit laissée au juge, pourquoi priver les accusés de cette garantie pour les crimes capitaux, c'est-à-dire, pour ceux où l'on doit redoubler de précautions, et où l'erreur et le préjudice sont irréparables?

Deux principes incompatibles ont donc trouvé place dans le Code pénal.

La cause qui a produit cette anomalie est facile à découvrir, et elle fournira un motif de plus en faveur du vœu que j'exprime.

Notre Code pénal n'est point une création

toute moderne et faite d'un seul jet. Il n'est que le rajeunissement de l'ancienne législation criminelle.

On a puisé dans celle-ci les divers cas punis de mort. Seulement on en a écarté les supplices recherchés.

Mais les supplices recherchés formaient autrefois une échelle pénale dont la mort simple était le premier degré.

Avec le mépris qu'on avait alors pour la vie des hommes, et surtout en comparaison des tortures, la mort simple pouvait être considérée comme une peine légère. Dans l'opinion du temps, elle correspondait à peu près à l'idée que nous nous formons aujourd'hui des travaux forcés.

Il était conséquent dès-lors de l'appliquer à des crimes d'un ordre inférieur.

Grâces soient rendues au législateur de ce qu'à présent nous n'avons plus le cœur serré à la vue de malheureux roués, rompus, écartelés, brûlés ou écorchés-vifs !

Mais, puisque la mort simple a cessé d'être une peine intermédiaire, puisqu'elle est devenue le dernier degré de la pénalité, il fallait la restreindre aux forfaits les plus atroces, à ceux qu'on punissait autrefois des supplices recherchés qu'elle remplace.

Il fallait refaire en entier, et rabaisser l'échelle pénale de telle manière, que la mort simple fût au sommet, et qu'on lui substituât des peines inférieures pour remplir le degré qu'elle laissait vacant au bas de l'échelle.

Mais point. On n'a rien trouvé au-dessus de la mort pour les forfaits qui la méritent vraiment, et on l'a maintenue pour des crimes qui ne l'emportaient jadis que parce qu'elle était alors réputée peine secondaire. Il y a là un anachronisme.

Ainsi, pour les crimes capitaux, c'est-à-dire, pour ceux qui admettent le plus de diversité, on a porté une peine unique, indivisible, qui remplit à elle seule toute l'échelle pénale, ou plutôt qui fait disparaître toute échelle pénale.

Il est sensible, maintenant, que si le législateur n'a pas donné aux juges, pour les crimes capitaux, la faculté de graduer la peine, ce n'est point par défiance envers eux, ce n'est point qu'il crût cette faculté contraire aux principes. Et comment aurait-il méconnu leur droit, à cet égard, alors qu'il le consacrait pour tous les autres crimes?

S'il ne leur a pas donné le pouvoir de graduer la peine, pour les crimes capitaux, c'est qu'il n'a pas voulu qu'il y eût graduation.

S'il avait voulu qu'il y eût graduation, en supposant qu'il la refusât aux juges, il l'aurait faite lui-même.

En un mot, il n'a pas contesté la compétence des magistrats; mais il a voulu qu'il y eût uniformité de supplices pour des crimes inégaux.

C'est cette cruelle erreur qui a produit les injustices contre lesquelles s'est élevé un cri général; c'est elle qui a amené ce conflit et cette confusion de pouvoirs qui n'ont eu lieu que pour réparer un mal flagrant et contre lequel, il faut le dire, il n'y avait pas d'autre remède.

Hâtons-nous de purger la loi du vice qui la souille.

Il suffit, pour cela, de créer une nouvelle classification des crimes, de telle manière que chacun ait son échelle pénale particulière.

La chose ainsi opérée, rien ne s'opposera

plus à ce que les juges rentrent dans leur prérogative, et soient chargés de la graduation des peines qu'il faut absolument que quelqu'un fasse, et qui ne peut être bien faite que par eux.

Alors, la loi n'*ordonnera* plus, elle *permettra* seulement l'usage de la peine capitale; et, au lieu de prodiguer le supplice, on le tiendra en réserve pour les forfaits dont l'atrocité n'admet pas d'autre moyen de répression.

CHAPITRE VIII.

Du projet de loi pour la révision du Code pénal.

Ce projet a admis, en partie, les principes que je viens de développer. Il tend à restituer au pouvoir judiciaire la faculté de graduer la peine,

Il porte :

« Art. 36. En toute matière criminelle,
» le président de la cour d'assises, après
» avoir posé les questions *résultant de l'acte*
» *d'accusation et des débats*, avertira le jury,
» à peine de nullité, que, s'il pense, à la ma-
» jorité de plus de sept voix, qu'il existe, en
» faveur d'un ou plusieurs accusés reconnus
» coupables, des circonstances atténuantes,
» il devra en faire la déclaration en ces
» termes :

» *A la majorité de plus de sept voix, il y*

» *a des circonstances atténuantes en faveur de*
» *tel accusé.*»

» Art. 37. Les peines prononcées par la
» loi contre celui ou ceux des accusés reconnus
» coupables, en faveur de qui le jury aura
» déclaré des circonstances atténuantes, se-
» ront modifiées ainsi qu'il suit:

» Si la peine prononcée par la loi est la
» mort, la cour appliquera, s'il s'agit de
» crimes contre la sûreté extérieure ou inté-
» rieure de l'Etat, autres que ceux mention-
» nés dans l'article 18 de la présente loi, et
» dans les articles 96 et 97 du Code pénal, la
» peine de la détention à perpétuité, ou
» celle des travaux forcés à temps; et, dans
» tous les autres cas, la peine des travaux
» forcés à perpétuité, ou celle des travaux
» forcés à temps;

» Si la peine est celle des travaux forcés à
» perpétuité, la cour appliquera la peine
» des travaux forcés à temps, ou celle de la
» réclusion;

» Si la peine est celle de la détention à
» perpétuité, la cour appliquera la peine de
» la détention à temps, ou celle du bannis-
» sement;

» Si la peine est celle des travaux forcés à » temps, la cour appliquera la peine de la » réclusion ou les dispositions de l'article 401 » du Code pénal, sans toutefois pouvoir ré» duire la durée de l'emprisonnement au» dessous de deux ans;

» Si la peine est celle de la réclusion, de la » détention à temps, du bannissement ou de » la dégradation civique, la cour appliquera » les dispositions de l'article 401 du Code » pénal, sans toutefois pouvoir réduire la » durée de l'emprisonnement au-dessous » d'un an. »

Le projet confirme au président de la cour le droit de poser les questions RÉSULTANT *de l'acte d'accusation et des débats*. Un tel privilége renferme celui de vérifier et de préjuger les faits servant de base aux questions. Il constitue un empiètement manifeste sur les fonctions du jury. Il doit être modifié dans le sens que j'ai déjà indiqué *.

Je passe à une question grave et fondamentale que le projet soulève sans la trancher tout-à-fait.

---

* Voyez ci-dessus, pages 72 et suivantes.

Il attribue aux jurés le pouvoir, ou plutôt il leur impose l'obligation de déclarer si le fait, par eux constaté, présente ou non des *circonstances atténuantes*.

Ces circonstances, il ne faut pas les confondre avec celles qui, se qualifiant par elles-mêmes, fixent la nature de chaque crime et doivent toujours faire l'objet de questions positives, comme, par exemple, le vol de nuit, sur la grande route, à main armée, etc.

Les circonstances atténuantes, dont parle le projet, sont celles qui, impalpables pour ainsi dire, ne sauraient être emprisonnées dans une question précise; qui varient suivant chaque cas, et qui, sans changer la nature du crime, lui impriment une physionomie particulière et en forment le caractère distinctif. Ce sont ces traits spéciaux qui forment les nuances par lesquelles les crimes, appartenant à un même genre, se différencient entre eux. Tantôt ces nuances dénotent, dans le coupable, la plus profonde immoralité; alors elles sont aggravantes. Quelquefois elles dénotent en lui une perversité moindre. En ce cas, elles deviennent atténuantes.

C'est de ces dernières que, suivant le projet, les jurés devraient faire l'appréciation.

Ce système a pris sa source dans une opinion qui s'est généralement répandue, savoir que les jurés sont appréciateurs, non pas seulement du fait en lui-même, mais encore des nuances diverses qui le modifient et en font partie. C'est toujours là, dit-on, une décision en fait, propre aux jurés.

Et d'abord, point de difficulté sur le droit des jurés de constater le fait punissable et d'en apprécier la moralité sous le point de vue de son classement dans l'une des catégories légales.

Mais, le fait posé et classé, que reste-t-il à faire, sinon à le juger ?

La loi établit l'échelle pénale de chaque crime ; mais elle ne détermine pas la correspondance entre les degrés de cette échelle et les nuances diverses de culpabilité. Nous avons vu qu'elle ne le devait et ne le pouvait pas.

Juger, c'est rechercher la moralité comparative de l'acte incriminé, afin de discerner la peine correspondante. Pour parvenir à cette connaissance, il faut donc dresser, à côté de l'échelle de la pénalité, l'échelle corrélative des nuances.

Le nombre des degrés de l'une et de l'autre

devra être égal pour qu'elles cadrent et coïncident entre elles.

La loi, en faisant l'échelle pénale, a pris pour règle les degrés présumables de criminalité. Mais, l'échelle pénale une fois fixée, elle ne peut plus varier. C'est donc celle-ci qui doit servir de base à l'autre. Supposons que le législateur vienne à doubler le nombre des degrés de pénalité d'un crime donné, l'échelle des nuances devra subir la même modification. Il arrivera par là que tel cas, qui, sur l'échelle primitive, aurait occupé le dixième degré, ne sera plus qu'au vingtième sur la seconde. Aussi plus l'échelle pénale sera étendue, plus il sera possible au juge de varier les nuances et de graduer les châtimens.

Il suit de là que ces nuances n'ont pas une valeur intrinsèque, fixe et absolue, mais relative, variable et subordonnée à l'étendue de l'échelle pénale; il suit de là encore que leur appréciation ne peut se faire que par celle des divers degrés de la pénalité.

Cette appréciation n'est donc pas purement de fait. Elle constitue une opération complexe et métaphysique. Elle tient au droit.

Ces points préliminaires posés, examinons les motifs du projet. On lit dans l'exposé qui en a été fait, le passage suivant :

« Arbitrer et proportionner la peine est » une opération délicate et difficile, qui exige » une suite d'observations et de comparaisons » qu'il appartient au magistrat permanent » de faire ; il ne s'agit plus de déclarer, ni » l'existence du fait, ni la réalité des circons- » tances qui en atténuent la gravité. »

Je crois avoir démontré, au contraire, que ce n'est que par la découverte des circonstances qui atténuent la gravité du fait, qu'on peut parvenir à l'appréciation de la peine qu'il mérite. Ces deux opérations sont corrélatives et indivisibles.

Cette suite d'observations et de comparaisons dont on parle, n'a pas d'autre but que d'obtenir la connaissance du degré de moralité comparative des faits particuliers. Quel que soit le pouvoir qui sera investi du soin d'apprécier les nuances du fait, c'est lui qui sera le véritable juge.

L'exposé des motifs, expliquant ce qu'il entend par le jugement, continue en ces termes : « Il s'agit, *tel fait étant donné avec*

» *telles modifications*, de découvrir par voie » d'interprétation et d'analogie, quelle a été » la volonté du législateur, un tel cas venant » à écheoir. »

D'abord, aucune peine ne peut être prononcée par voie d'interprétation et d'analogie. Il faut un texte précis.

Le projet veut qu'on aille à la recherche de l'intention présumée du législateur, sur le degré de pénalité propre au fait donné. Mais pourquoi le législateur n'a-t-il pas manifesté expressément cette volonté ? Parce qu'il ne le pouvait pas. Pourquoi ne le pouvait-il pas ? Parce qu'une pareille volonté ne saurait être exprimée qu'en présence et par l'appréciation du fait. Si le législateur n'a pu s'expliquer à cet égard, on n'a donc aucune lumière à attendre de lui.

Le juge, dans l'intention du projet, doit agir comme eût agi le législateur lui même. Or, que ferait le législateur s'il avait à statuer sur un cas particulier ? Il se déciderait dans la fixation de la peine, par l'appréciation des circonstances qui en atténuent la gravité. C'est donc au juge que doit appartenir cette appréciation.

Mais voilà que le projet restreint la mission du juge à prononcer sur un *fait donné avec telles modifications*.

Si *le fait est donné au juge avec ses modifications*, ce n'est donc pas lui qui sera l'appréciateur des circonstances.

Ce sera le jury.

Mais quel moyen aura le jury pour transmettre au juge les modifications du fait, c'est-à-dire, leurs nuances ?

Veut-on savoir en quoi ces nuances consistent ? C'est le caractère de l'accusé, sa conduite antérieure, la nature du mobile auquel il a succombé : jalousie, colère, vengeance, besoin, etc., etc.

Pour que le jury fixât toutes ces circonstances, il y aurait nécessité qu'on l'interrogeât sur chacune d'elles. Indépendamment de ce qu'il faudrait des cahiers de demandes et des volumes de réponses, conçoit-on des questions ainsi posées : Un tel est-il devenu coupable par jalousie ? par colère ? par vengeance ? par besoin ? Quel est son caractère ? Quelle a été sa vie, etc., etc.

Aussi impossible de faire de semblables questions que d'y répondre.

Renonçant à ce moyen, voudrait-on que, sans entrer dans tous ces détails, le jury se bornât à déterminer le degré de criminalité résultant de l'ensemble des nuances ?

Mais ces nuances, nous l'avons vu, n'ont pas de valeur fixe. Le jury ne pourrait déterminer cette valeur que par l'appréciation de la pénalité.

Je suppose un fait puni d'un an à deux ans de détention. Chaque jour formant un degré, l'échelle pénale en aura trois cent soixante-cinq. L'échelle de la criminalité en comptera un pareil nombre, afin qu'il y ait concordance entre elles.

Pour que le jury détermine la qualité de la nuance modificative du fait, il faut qu'il puisse dire : Tel fait, vu les circonstances qui le modifient, est, par exemple, au centième degré de la criminalité. Je concevrais alors que son verdict offrît au juge *un fait donné avec telles modifications.*

Tant que les jurés n'auront pas le moyen, soit de spécifier les nuances, soit d'en désigner le degré, il sera inexact de dire que le juge aura à prononcer sur un fait avec des modifications précises, car la nature et la valeur de ces modifications seront encore entièrement à fixer.

Et non-seulement, le projet ne confère point aux jurés cette prérogative, mais il la leur refuse formellement; car il ne déroge pas au droit antérieur d'après lequel le jury ne peut être interrogé que sur les faits généraux qui constituent la nature du crime, et suivant lequel encore, il doit se borner à répondre par *oui* ou par *non*.

Ainsi, en énonçant que c'est au jury d'apprécier le fait, pour en extraire les circonstances qui le modifient, c'est-à-dire, les nuances d'où résulte sa valeur relative, le projet ne fait que poser un principe contredit par les autres parties de la loi, un principe détruit par ses moyens même d'exécution.

J'insiste sur ce point parce qu'il est décisif et fondamental. J'y insiste parce qu'il existe une opinion, appuyée par de nombreux partisans, et qui tend à investir exclusivement le jury de l'appréciation non-seulement du fait, mais aussi des nuances; opinion qui est même explicitement adoptée par l'exposé des motifs du projet, où on dit, en parlant de la déclaration relative aux circonstances atténuantes !

« Cette décision doit appartenir au jury, *car*
» *il est appréciateur de la criminalité que les*
» *circonstances atténuantes modifient.* »

Or, apprécier la criminalité des nuances, c'est les classer entre elles et les mettre en rapport avec les divers degrés de pénalité.

Cela fait, l'intelligence n'a plus de fonction à remplir; le jugement est rendu.

Il suffit, en effet, d'appliquer l'échelle des nuances sur celle des peines pour en voir surgir le degré de pénalité propre à la nuance donnée.

Cette opération est purement matérielle; celui qui en serait chargé ne ferait pas plus le jugement que l'ouvrier, qui met le papier entre la planche et la presse, ne compose le livre qui en sort. Sa mission se bornerait à promulguer la sentence. Il ne serait qu'un instrument dans le genre du *Moniteur* qui publie les lois et ne les fait pas.

Semblable à ces figures mécaniques qui, assujéties à des mouvemens fixes, servent à indiquer les heures sur les horloges, le juge, destitué de volonté personnelle, ne serait plus qu'un automate destiné à marquer du doigt le degré de pénalité assigné à chaque nuance par la superposition des deux échelles.

Avec un pareil système, toutes les questions, à poser au jury, viendraient se résumer en une seule : quel est le degré de criminalité et, par conséquent, de pénalité propre à tel accusé? L'ombre de coopération, laissée aux magistrats, se réduirait à l'apposition d'une ordonnance de *pareatis*, à l'effet de rendre exécutoire un jugement auquel il ne leur serait pas permis de toucher.

Si le législateur veut transporter au jury le droit d'apprécier les nuances du fait, c'est-à-dire, de juger, il le peut sans doute. Mais alors, pour être conséquent, il lui faut abolir le principe suivant lequel les jurés ne sont arbitres que du fait et non du droit ; il lui faut abroger la loi qui défend au jurés d'avoir égard à la peine qui sera l'effet de leur verdict; il lui faut surtout supprimer des causes criminelles le ministère des magistrats. Un président suffirait pour la direction des débats et la police de l'audience.

Et c'est là ce qu'on voudrait en effet.

On n'ose pas le dire ouvertement, mais on

tâche du moins d'approcher du but le plus possible.

Si vous demandez pourquoi ? On vous répondra tout bas que les magistrats, endurcis par l'habitude, sont trop enclins aux condamnations.

Cette défiance envers la magistrature n'est pas nouvelle. Elle date de l'Assemblée Constituante.

M. Lepelletier de Saint-Fargeau, après avoir dit qu'auparavant les juges pouvaient modifier la peine suivant la gravité du fait dont ils avaient pesé toutes les circonstances, ajoute en effet : «Aujourd'hui toute nuance du » fait est étrangère au juge. Il ne connaît que » le fait posé par le verdict des jurés ; il faut » qu'il ouvre la loi et qu'il y trouve une » peine précise, applicable au fait déter- » miné ; son *seul devoir* est de prononcer cette » peine *. »

Mais, d'après ces principes, l'appréciation des nuances, interdite au juge, n'était pas

---

* Rapport à l'Assemblée Constituante, au nom des comités de constitution et de législation criminelle.

davantage permise au jury. La loi se chargeait de porter une peine fixe pour tous les cas qu'elle prévoyait. De là, un obstacle insurmontable à la graduation des châtimens.

La théorie que je viens de rappeler diffère de celle de l'Assemblée Constituante, en ce qu'elle repousse les peines fixes, et veut que les nuances propres à chaque cas amènent une modification dans la peine; c'est au jury qu'elle attribue l'appréciation de ces nuances.

Mais les deux systèmes se réunissent pour en ôter la connaissance au juge.

L'un la donne à la loi, l'autre au jury.

Je pense, au contraire, que c'est au juge seul qu'elle appartient, tant qu'on lui conservera le nom de juge.

C'est au milieu de ces opinions divergentes, que le projet de loi a paru. Il est conçu de manière à n'en satisfaire aucune.

Il dit aux jurés de déclarer s'il y a ou non des circonstances atténuantes, mais d'une manière vague et générale, sans qu'il leur soit permis de préciser les nuances dont elles se composent, sans qu'ils aient le droit de déterminer le degré de criminalité qui en résulte, dans leur opinion.

Ce n'est qu'une demi-appréciation que le projet leur confère ; aussi ne produit-elle qu'un demi-effet.

Quand la déclaration du jury, relativement aux circonstances atténuantes, est affirmative, elle n'a d'autre résultat que d'empêcher le supplice. Son efficacité se borne à une sorte de *veto*. Le fait n'en doit pas moins être examiné de nouveau, ses nuances appréciées une seconde fois, toujours sous le même point de vue, celui de la pénalité. C'est au juge à déterminer le degré de criminalité relative, pour faire choix de la peine ; et le projet lui donne encore une assez grande latitude, puisque, lorsqu'il s'agit d'un crime capital, on lui laisse l'option entre les travaux forcés à temps et les travaux forcés à perpétuité.

Ce système a quelque chose de discordant. Il divise le droit de juger, pour en investir à la fois deux pouvoirs distincts.

En effet, les jurés déclarent-ils qu'il y a des circonstances atténuantes, ils repoussent par là la peine capitale. S'ils disent qu'il n'y en a pas, il rendent le supplice forcé. Ainsi, quant à la peine de mort, ils sont juges souverains : leur décision lie les magistrats.

Vainement dirait-on que leur volonté ne sera pour rien dans ce résultat, et que la loi, leur défendant d'avoir égard à la peine qui sera l'effet de leur verdict, ce n'est pas la considération de cette peine, mais la vérité du fait, qui motivera leur déclaration.

Pure fiction, démentie par l'expérience !

Mais que dis-je? le projet ne cherche pas même à se faire illusion sur ce point. Il reconnaît et proclame le résultat nécessaire de sa théorie. « Sans doute, est-il dit dans l'ex-
» posé des motif, l'opinion du jury sera sou-
» vent entraînée par la considération de la ri-
» gueur de la peine. »

Le jury sera donc vraiment juge souverain de l'applicabilité de la peine de mort ; car, soyez-en convaincus, ce qu'on dit ne devoir arriver que souvent, arrivera toujours.

Mais, le supplice écarté par les jurés, leur déclaration sur les circonstances atténuantes a porté tout son coup. Les juges doivent, de rechef, apprécier le fait pour vérifier la peine qu'il mérite.

Or, cette nouvelle appréciation ne sera-t-elle pas faite dans le même esprit que la précédente ? Il est aisé de s'en convaincre.

Je me transporte en pensée dans la salle où

délibèrent les jurés ; je les entends se dire : « La jeunesse de l'accusé, sa bonne conduite » jusqu'à ce jour, les conseils perfides qui » l'ont égaré, l'entraînement d'une passion » fougueuse, la douleur qu'il a exprimée après » le crime commis, les larmes qu'il a versées » devant nous, témoignent qu'il n'est pas » perdu sans retour. Laissons-lui la vie. »

Je le demande, lorsque les juges entreront, à leur tour, dans la chambre du conseil, n'est-ce pas là mot pour mot ce qu'ils répèteront pour n'infliger que le *minimum* de la pénalité ?

Voilà donc le même fait jugé deux fois ; d'abord par le jury, pour dire la peine qu'il ne faut pas appliquer ; ensuite par le juge, pour décider du châtiment à infliger.

Il y a évidemment là double emploi et confusion de pouvoirs.

Et cette confusion de pouvoirs n'est point un effet involontaire du projet de loi. Elle en est la pensée fondamentale. L'exposé des motifs ne permet pas le doute sur ce point.

C'est à titre de *faculté d'atténuation* qu'il rend le jury appréciateur des circonstances atténuantes.

Et c'est, dit-il, *pour compléter ce système d'atténuation*, qu'est accordée au juge une assez grande latitude dans l'infliction des peines laissées à son arbitrage.

Le jury et la cour sont donc successivement arbitres de l'atténuation.

Et comme, d'après l'exposé des motifs, l'atténuation est *une modification essentielle de la criminalité*, il s'ensuit que la cour et le jury sont admis, tour-à-tour, à être juges de la criminalité

En appelant ces deux pouvoirs à l'exercice d'une même fonction, on proclame la compétence de tous les deux à ce sujet.

Mais alors, pourquoi ne pas opter entre l'un ou l'autre, pour lui conférer en entier une mission indivisible, et pour laquelle on reconnaît à chacun d'eux une égale aptitude?

Il n'y a pas de transaction possible en matière de compétence.

Le projet se justifie-t-il du moins par les résultats à en espérer?

Bien loin de là, il ne fait que prêter le flanc aux attaques parties de camps opposés; il s'approprie les vices divers que les deux opinions contraires se reprochent mutuellement.

La déclaration de circonstances atténuantes laisse encore au juge l'option entre les travaux forcés à temps et les travaux forcés à perpétuité.

Cette grande latitude ne paraîtra-t-elle pas bien dangereuse aux yeux de ceux qui redoutent la sévérité habituelle des juges ?

Le bagne perpétuel est la fin nécessaire des brigands. C'est leur élément naturel. Il y sont à leur aise.

Mais l'homme bien né, dont la vertu n'aura fléchi qu'un jour, le condamner à être toute sa vie pareil à une bête de somme, n'est-ce pas tout aussi grave que de le débarrasser tout d'un coup, par la mort, d'un si funeste avenir *.

Et si l'on pose en règle, que les jurés sont plus capables que les juges d'apprécier la moralité des faits dans leur rapport avec la pénalité, pourquoi limiter leur compétence au supplice ? Pourquoi priver les accusés de cette garantie, pour la peine non moins dure des travaux forcés à perpétuité ?

---

* Supposez un homme convaincu d'infraction aux lois sanitaires ou d'un crime politique !

Si les principes ne s'opposent point à ce que les jurés puissent repousser la peine capitale, là où elle leur paraîtrait excessive, quelle raison y aurait-il de ne pas leur permettre aussi d'écarter celle des peines subséquentes qui, dans leur opinion, seraient pareillement disproportionnées ? Autorisez-les alors à descendre jusqu'au châtiment applicable ; ne les arrêtez pas en chemin. Ou fermez-leur cette voie, ou laissez-la-leur parcourir en entier.

L'opinion qui le veut ainsi, a du moins pour elle le mérite de la logique.

Le projet de loi dit donc ou trop ou pas assez.

Si l'on a confiance aux magistrats, pourquoi ne pas la leur accorder entière ? Si on doute de leur humanité, pourquoi leur permettre de faire le mal en partie ?

La confiance ne saurait exister à demi. Un juge suspecté doit à l'instant descendre de son siége. Le public ne se forme d'opinion sur les châtimens, que par le caractère de celui qui les inflige. Les décisions de magistrats soupçonnés de cruauté auraient contre elles un invincible préjugé. Leur justice serait toujours douteuse, et l'effet moral des peines serait anéanti.

Le projet de loi ne saurait donc se maintenir tel qu'il a été conçu. Loi de défiance contre les magistrats, il ferait bientôt passer ses suspicions dans l'âme de tous. Ce sont là des atteintes qui ne blessent pas ; elles tuent.

Il est vrai de dire que le projet n'énonce pas formellement ce motif ; il en donne d'autres. Voyons-les.

« Sans doute, est-il dit dans l'exposé des » motifs, l'opinion du jury se trouvera » souvent entraînée par la considération de » la peine ; mais l'influence de cette considé» ration est impossible à éviter, et il vaut » mieux lui faire une juste part que de s'ex» poser à l'impunité, et que de laisser accré» diter la doctrine dangereuse de l'omnipo» tence. »

Ce n'est donc là qu'une concession faite à une doctrine dont on proclame la fausseté ! Ce n'est là qu'une loi de peur et non de principe ! Pourquoi ne pas attaquer de front une opinion reconnue dangereuse ! Il faut trancher dans le vif.

Changez la formule des questions * ; ne demandez plus au juré si l'accusé est *coupable*, mais s'il est *convaincu* ; prohibez-lui par là l'examen du droit, ne l'interrogez que sur le fait, et il sera bien forcé de répondre catégoriquement.

Mais du moins, le projet atteindra-t-il le but qu'il se propose ? Je crains bien que non.

La manière dont il pactise avec l'omnipotence offre l'idée d'un traité de vaincu à vainqueur. Tout en protestant contre cette doctrine, il ne fait que la consolider.

En effet, le seul obstacle que lui oppose le Code de 1810, est dans la disposition qui défend au jury d'avoir égard à la pénalité.

Cette barrière unique, c'est vous-même qui la renversez. « Sans doute, dites-vous, » l'opinion du jury se trouvera souvent en» traînée par la considération de la rigueur » de la peine. »

Vous reconnaissez donc au jury le pouvoir de suivre ce guide et de se décider non par le fait, mais par le droit.

---

* Voyez sur ce point, à la page 71 ci-dessus.

Et lorsque, d'un autre côté, vous conservez au jury le privilége de déclarer si l'accusé est non pas *convaincu*, mais *coupable*; lorsque vous le rendez de plus juge absolu de l'infliction du supplice, ne renforcez-vous pas les principes qui, jusqu'à ce jour, ont servi de point d'appui à la doctrine de l'omnipotence? Quelle puissance nouvelle ne donnez-vous pas aux efforts de ses partisans qui vous sommeront d'être conséquent?

Le voeu consigné dans l'exposé de vos motifs ne sera qu'une lettre morte, contradictoire, un voeu démenti par le texte et bientôt oublié de tous. Vous n'aurez fait qu'élargir la brèche à l'invasion que vous redoutez. Les habiles d'entre les partisans de l'omnipotence accueilleront, avec empressement, votre système, car ils ne se méprendront pas sur ses résultats, et ils y verront un acheminement au triomphe complet de leurs utopies.

Mais, ajoute l'exposé des motifs:

» Si la déclaration des circonstances atté-
» nuantes était dévolue à la cour, l'incerti-
» tude du jury, sur le point de savoir si la
» cour les déclarerait, en le laissant dans

donc point à eux. Elles étaient l'œuvre d'une loi inflexible. On ne saurait, sans injustice, les en rendre solidaires. La responsabilité du supplice est-elle donc si légère qu'on doive nécessairement présumer que les tribunaux l'assumeront de gaîté de cœur et sans la plus grande circonspection? Pour être juge, cesse-t-on d'avoir un cœur d'homme? Et, s'il fallait opposer des faits à des conjectures, ne pourrais-je pas faire observer que parmi ceux qui réclament l'abolition absolue de la peine de mort, on voit figurer en première ligne nombre de magistrats?

Je ne vois donc aucune raison solide qui puisse autoriser cette déviation des principes, par laquelle on voudrait dépouiller les tribunaux des fonctions qui leur sont propres pour en investir le jury.

A la vérité, l'exposé des motifs appuie sa théorie sur des considérations tirées de l'intérêt social. Il parle du danger de favoriser l'impunité des coupables.

C'est là le point de vue qui doit prédominer.

J'ai déjà fait voir le peu de fondement d'une semblable crainte. Qu'il me soit permis, à mon tour, de signaler un résultat bien différent qui me paraît attaché au projet.

Je lis dans l'exposé des motifs que, même dans le cas où la peine de mort ne serait que facultative pour les magistrats, on aurait à craindre que les jurés ne donnassent dans un excès d'indulgence de peur d'un excès de sévérité dans le juge.

Si l'on a une telle opinion des jurés, il faut reconnaître alors que leur répugnance deviendrait invincible là où la mort serait l'inévitable effet de leur verdict; et c'est ce qui aurait lieu, d'après le projet, toutes les fois que le jury ne déclarerait pas des circonstances atténuantes.

Sous le Code pénal de 1810, les jurés, du moins, forcés d'opter entre le supplice et l'impunité, se décidaient parfois à vaincre leurs sentimens naturels. Ils rassuraient leur conscience, en se disant : « Nous ne sommes que des instrumens; notre volonté n'y est pour rien. »

Dans le système du projet, ce n'est plus la crainte vague d'une solidarité indirecte et éloignée qui assiégera les jurés. Ils sauront que la charge du supplice pèsera toute entière sur eux ; ils sauront que la dénégation de circonstances atténuantes sera un arrêt de mort, et qu'ils n'ont qu'un mot à dire pour se débarrasser d'un si lourd fardeau. Timorés, comme on les proclame, en sera-t-il un qui ne s'empresse de déclarer des circonstances atténuantes, pour éviter de s'entendre dire : « Voilà celui qui a tué l'accusé ! »

L'effet du projet de loi sera donc l'abolition de fait de la peine de mort.

Si, de loin en loin, les jurés venaient à infliger le supplice, ils tromperaient l'attente générale. Leur sévérité serait un événement rare et exceptionnel. Les malfaiteurs ne le feraient entrer dans leurs prévisions et leurs calculs que comme une éventualité peu probable. Le but de la loi serait manqué. Otez à la menace son aiguillon, et je serai le premier à demander la suppression entière de la peine de mort.

Ce point de vue est de la plus haute importance. Je me borne actuellement à prendre note du fait. Je l'apprécierai dans un chapitre spécialement consacré à l'effet préventif de la peine de mort.

Je n'ai, jusqu'à présent, examiné que la

question théorique, et je dois, pour compléter cette partie de mon travail, en venir à la classification des crimes capitaux, ainsi qu'à la délimitation de l'échelle pénale que chacun d'eux comporte.

Mais, pour éviter des méprises, il convient de se fixer avant tout sur le caractère constitutif de la criminalité, ainsi que sur l'objet de la justice pénale. Il le faut, car les opinions ne sont rien moins que unanimes à ce sujet.

CHAPITRE IX.

De la mission de la justice pénale et du caractère constitutif de la criminalité.

Il est un point sur lequel tout le monde est d'accord, savoir que les châtimens ne doivent jamais être des actes de vengeance.

Quel est donc l'effet qu'on en attend ?

Serait-ce de corriger le prévenu et de le rendre meilleur ?

Le mot seul de supplice exclut une pareille idée. La mort n'a jamais corrigé personne ; et le projet admet la peine de mort.

Quant aux peines inférieures, elles ne sauraient non plus donner un tel espoir. Les prisons et les bagnes n'ont jamais passé pour des écoles de mœurs, et il est rare que le détenu n'en sorte pas tout aussi vicieux qu'auparavant *.

* On me répondra, en parlant du système péniten-

C'est un devoir sans doute, pour le gouvernement, d'améliorer le régime disciplinaire des lieux de détention, et il s'en acquitte avec zèle. Mais ses efforts, à ce sujet, ne portent que sur la suite des condamnations et n'en constituent pas le but.

L'utilité des châtimens consisterait-elle à retirer le coupable du sein de la société pour l'empêcher de la troubler encore ?

En individualisant ainsi la question, on arriverait à cette conséquence qu'il faudrait opter entre l'impunité entière ou des peines perpétuelles.

En effet, les peines perpétuelles seules sont capables de mettre le méchant tout-à-fait hors d'état de nuire ; et, si c'est là le résultat qu'on se propose, pourquoi ne faire la chose qu'à demi ?

Et puisque, dans cette hypothèse, la séquestration temporaire de l'individu n'atteindrait pas l'objet de la loi, elle dégénérerait alors en acte de vengeance.

---

tiaire. C'est là un point trop important pour ne l'examiner qu'occasionnellement. Je lui consacrerai un chapitre spécial.

Si les peines ne sont dictées ni par la vengeance, ni par l'espoir d'une conversion, ni par le besoin d'empêcher de nouveaux crimes de la part du condamné, il ne reste, pour les expliquer et les légitimer, que l'utilité préventive de l'exemple.

Cet effet préventif est le bouclier de la société contre le péril où la met la manifestation d'un crime commis.

Or, la réalité du péril social, en ce cas, est précisément ce qu'on nie.

« Tant que la force sociale, dit M. Ch. » Lucas, intervient pour défendre l'individu » attaqué, le péril est précis, le droit l'est de » même... Une fois que mon assassin est dé- » sarmé, quel est donc ce péril que la société » invoque pour son compte quand le mien » a cessé... La première condition pour que » la société tue, exclut déjà l'idée de péril » et de défense; *il faut que l'individu soit* » *arrêté*, et ce n'est qu'à travers une longue » suite de procédures, pleines de lenteurs et » de solennités, qu'elle arrive au terrible » dénoûment. L'image d'un combat, l'idée » d'une défense, n'est point ce qu'elle veut » rappeler? c'est au contraire ce qu'elle veut

» bannir; elle ne veut point que son tribunal
» soit une arène; et, quand elle se montre
» en place de Grève, elle ne vient point, toute
» tremblante devant un malheureux enchaîné,
» plus faible devant elle qu'un enfant devant
» un homme fait, déclarer et montrer qu'elle
» ne cède qu'à la frayeur. Il y aurait une trop
» cruelle dérision à parler de la peur d'un
» être qu'elle réduit à se laisser égorger comme
» un agneau. Au lieu de trembler, elle veut,
» au contraire, qu'on tremble devant elle :
» c'est elle, ce n'est plus l'assassin qui doit
» inspirer l'effroi. Il faut qu'au milieu de
» cet appareil terrible qu'elle déploie, tous
» soient frappés de l'idée de sa force et de
» sa justice. Elle se présente avec un arrêt
» qui témoigne de l'une, et l'échafaud qui
» dépose de l'autre. »

« Quand la société tue, ce n'est donc point
» pour sa défense *. »

Quelle série de méprises !

Tout crime est nuisible à-la-fois à l'individu qu'il atteint, à la société qu'il alarme.

L'assassin arrêté, le danger individuel a

* M. Ch. Lucas, *du système pénal,* chapitre 6.

cessé, mais le péril social lui survit. Il consiste dans la crainte de l'imitation de semblables forfaits. L'impunité du coupable produit cette crainte. L'ordre public en est troublé.

La force sociale ne punit pas dans l'intérêt des particuliers dont le péril a pris fin.

S'il pouvait en être autrement, l'intervention sociale serait illégitime et inutile toutes les fois que la victime aurait péri ; car, l'homme mort, il ne resterait plus qu'à le venger. Personnellement, il n'a plus intérêt à rien en ce monde.

C'est, par ce motif, que la provocation des peines, refusée aux individus, n'appartient qu'à l'organe du ministère public; et que tout le droit des parties lésées se borne à une réparation purement civile.

Mais le danger social durant jusqu'à la répression exemplaire du criminel, l'infliction des châtimens devient la légitime défense de la société contre un péril réel et toujours menaçant.

Il est donc inexact de dire que, l'assassin désarmé, la société ne puisse plus invoquer ni son propre péril, ni le droit de défense.

Cela posé, je dis à l'auteur de l'objection : Vous vous étonnez de ce que la loi ne sévit qu'après de longues procédures ! Aimeriez-vous mieux qu'elle frappât de suite, avant tout examen et sans autre forme de procès ?

Elle déploie l'appareil de la force ! Depuis quand la réalité du danger exclut-elle la vigueur de la défense ?

La société ne saurait avoir peur d'un être réduit à se laisser égorger comme un agneau ! Mais cet agneau peut redevenir un tigre si on le renvoie dans la société ; et d'ailleurs, si on n'a plus peur de lui, on a encore à redouter les tentatives des bêtes féroces, ses semblables, qui ne manqueraient pas d'imiter son crime, s'il restait impuni ; et c'est là qu'est le péril.

La société veut qu'on tremble devant elle ! Sans doute, elle le veut. C'est son légitime espoir que l'exemple des méchans punis effraie et retienne ceux qui seraient tentés de faire comme eux. C'est là l'unique but qu'elle ait voulu, qu'elle ait dû se proposer.

Le péril social est donc la source du droit de punir.

Cette parole tant critiquée du juge anglais Burnet, qui disait à un voleur : « On te pend, » non pour avoir volé un cheval, mais pour » que les chevaux ne soient pas volés. » Ces mots, dis-je, sont d'un grand sens. Ce qu'on peut y blâmer, c'est l'excès du châtiment ; et la faute en est à la loi. Mais supposez une répression proportionnée, et l'expression du juge Burnet aura parfaitement exprimé le but et l'utilité des peines.

Tel est aussi l'esprit du projet de loi.

En effet, comment justifier la peine des travaux forcés qu'il porte contre celui qui aura incendié sa propre maison pour s'en faire payer la valeur, suivant l'estimation faite au contrat d'assurance ? Le tort causé aux assureurs est suffisamment réparé par l'annulation du contrat, et par des dommages-intérêts embrassant, selon la formule du palais, le préjudice *souffert et à souffrir*.

A ne considérer que l'acte en soi, son immoralité n'est pas plus grande que celle de tant d'autres friponneries qui ne donnent lieu à aucune punition.

N'est-il pas clair dès-lors que, lorsque le

projet prononce, en ce cas, une peine énorme et nouvelle, ce n'est pas parce que le coupable a incendié une maison assurée, mais pour que les propriétaires assurés n'incendient pas leurs maisons ?

L'immoralité même, sans le péril social, ne suffirait pas pour créer le crime. On la confond souvent avec celui-ci, parce que presque toujours ils marchent ensemble. Mais l'un peut fort bien exister sans l'autre. En veut-on la preuve ? Elle est facile.

Donnez-moi l'être le plus abject, le plus corrompu ; un être qui affiche le mépris de tous les devoirs, et qui tienne, en quelque sorte, école de dépravation, son immoralité ne sera douteuse pour personne. Combien en est-il de ce genre que chacun hait et abhorre, et contre lesquels cependant la loi ne prononce pas une heure de prison !

Et ce n'est que dans le cas où la perversité de l'homme, se manifestant par des actes caractérisés, devient menaçante envers la société, que la justice s'arme pour la punir.

Voyez, après cela, la loi portant les peines les plus rigoureuses contre des faits qui, dans l'ordre naturel, n'offrent pas la moindre trace de perversité. La bigamie, par exemple, admise dans la moitié du monde, est punie chez nous des travaux forcés !

D'où vient que des actes, à degré égal, sont réprimés plus sévèrement par le Code militaire que par la loi civile ?

Enfin, la violation des lois sanitaires rend passible de la mort; et non seulement l'infracteur n'est pas un être immoral, mais il ne franchira peut-être les murs du lazaret que pour faire une bonne action !

L'immoralité de l'agent et le préjudice causé par l'acte ne sont donc pas ce qui constitue le crime. C'est le péril social. Mais la co-existence avec le crime de l'immoralité ou du préjudice causé modifie le crime et l'aggrave. Sous ce rapport, ces circonstances doivent être aussi prises en considération, mais comme secondaires et accessoires.

Faites abstraction du péril social et vous n'aurez plus de base pour établir la criminalité, vous n'aurez plus de raison pour légitimer les peines.

La dénégation du péril social, voilà la

source de toutes les erreurs. C'est cette sorte d'athéisme social qui a conduit jusqu'à nier la légitimité d'une justice pénale purement humaine.

La société une fois mise hors de cause, la répression a paru se réduire en actes purement privés. Ne voyant plus que l'intérêt particulier des acteurs qui ont figuré dans le drame du crime, on a regardé le châtiment du coupable comme vengeance et représailles. Aussi s'efforce-t-on par tous les moyens de réduire à rien l'action de la justice. Quelque légère que fût la part de celle-ci, on n'en considérerait pas moins ses effets comme empreints d'illégitimité.

Dans la sphère étroite où l'on se place, on n'envisage la loi que comme le médecin moral de l'homme qui a failli; c'est surtout l'amendement du coupable qu'on a en vue, et, en ce cas, on aurait raison de penser que le médecin ne doit pas tuer son malade. La question est mal posée. La justice n'intervient que pour guérir le corps social des blessures qu'on lui a portées; et, si elle s'aperçoit qu'un de ses membres soit gangrené, elle doit le trancher sans hésiter.

Mais aussi ne devra-t-elle recourir à ce moyen extrême qu'après s'être assurée qu'il n'y a pas d'autre remède.

Je viens d'indiquer le péril social comme le fondement du droit de punir. J'ai posé un principe. Il reste à fixer la règle à suivre pour son application.

CHAPITRE X.

Des cas où se manifeste le péril social.

Je serai court, et pourtant je crois devoir consacrer un chapitre à l'examen de la question que je viens de poser. L'utilité et la justice des peines en dépendent. Sa solution exacte fournira le clé de toutes les difficultés.

« Il existe deux sortes de crimes, disait M. Le-
» pelletier de Saint-Fargeau : ceux qui sont
» l'effet du calcul et de la réflexion, et les
» crimes qui sont produits par l'impulsion
» subite d'une passion violente.

» Une graduation exacte des peines opère
» un effet moins efficace pour la répression
» de cette dernière sorte de crimes, parce
» que la passion ne voit que l'objet qui l'al-
» lume, et calcule peu les chances qu'elle
» court; mais cette classe est la moins nom-

» breuse. Pour tous les autres, la graduation » des peines produit un effet certain *. »

D'un autre côté, on peut se convaincre, par le relevé des statistiques criminelles, que l'homme renvoyé d'une accusation d'assassinat, reparaît rarement une seconde fois en justice pour un crime de même nature. La récidive est le propre des attentats qui sont produits par l'intérêt.

Il semble qu'il y ait là contradiction. Elle n'est qu'apparente.

Tant que l'homme est en proie au bouillonnement de la jalousie, de la vengeance, etc., il est aussi difficile de l'arrêter que de défendre au ciel de tonner, à l'orage de causer des inondations, aux inondations de ravager les campagnes.

Mais aussi, sa fureur assouvie, il rentre dans son naturel, il cesse d'être dangereux. Le crime, comme un éclair, a traversé son âme, il ne s'y est point fixé à demeure. Le repentir le suit de près. Sa passion ne mena-

---

* Rapport à l'Assemblée Constituante, au nom des comités de constitution et de législation criminelle.

ce qu'une existence. Le crime revêt en lui un caractère d'individualité.

De ce que l'homme passionné raisonne moins, il ne faut pourtant pas en conclure qu'il ne raisonne pas du tout, ni jamais. Sans doute, au moment du forfait, il est entièrement hors de lui. Mais combien de fois n'est-ce que petit-à-petit qu'il se familiarisera avec l'idée d'une affreuse vengeance ? Au moment où il en conçoit la première pensée, il a l'usage du raisonnement; sa tête n'est pas encore tout-à-fait aliénée. Il est temps alors de le retenir par la crainte du supplice.

Mais aussi, lorsque le crime provient d'une passion soudaine, irréfléchie, indomptable, la menace de la loi, souvent insuffisante pour prévenir l'attentat, devient alors inutile pour en empêcher le retour.

Je ne prétends point dire qu'on ne doive pas punir en ce cas. Je ne veux établir qu'une chose, c'est que, dans l'homme passionné, la terreur de l'exemple a moins de prise, et le péril social moins de gravité.

Cette donnée est le fil qui devra nous guider dans l'échelle de la répression.

Mais, lorsque le crime prend sa source

dans un intérêt matériel, c'est alors que le danger social est porté au comble, et que la menace opère tout son effet.

Dans le brigand, l'intérêt est un mobile permanent et enraciné à jamais. Telle est la cause qui ramène si souvent devant la cour d'assises les scélérats de profession.

Ce n'est pas qu'ils méprisent les châtimens. Ils les redoutent, non à raison de l'infamie qui les suit, mais comme un obstacle à la jouissance du fruit de leurs forfaits. Comme ils agissent de sang-froid, ils sont habiles à calculer toutes les chances qui peuvent leur promettre l'impunité.

Chez eux, la dégradation est entière, le remords, chose inconnue.

Ce n'est pas à un seul qu'ils en veulent, mais à tous. Quiconque offrira un appât à leurs désirs, peut s'attendre à devenir leur victime.

C'est donc pour eux que la loi doit réserver toutes ses rigueurs. Ce n'est pas à des hommes égarés qu'elle a affaire ; mais à des êtres endurcis, qui ne lui tiendraient pas compte de sa douceur, qui n'y verraient qu'un moyen de rentrer plus tôt dans les voies criminelles.

La loi, pour assurer l'effet de ses menaces, devra donc prendre envers eux autant de précautions qu'ils auront de ruses à lui opposer. Elle sait qu'elle parle à gens qui la comprendront.

En résumé, les crimes ayant l'intérêt pour mobile sont ceux qui engendrent le plus de péril social.

Indulgence, sinon impunité, pour l'homme qui succombe à la passion. Point de miséricorde pour l'être dégradé qui calcule le crime.

Tel est l'esprit dans lequel je vais parcourir la série des cas pour lesquels le supplice est porté par la loi.

Je m'appuierai sur des exemples fournis par les annales judiciaires. La comparaison de différentes espèces nous montrera le crime dans son plus haut degré de péril social. Elle nous en apprendra aussi les circonstances les plus favorables. C'est sur ces données que j'essaierai d'indiquer la base de l'échelle pénale convenable à chaque catégorie *.

---

* Je ne comprendrai pas l'infanticide dans ma nomenclature.

Je n'ai pas besoin de faire remarquer que, même pour des cas où la peine de mort est admise par le projet, je me croirai obligé d'en justifier l'emploi, parce que cette partie du projet ne manquera pas de rencontrer plus d'un contradicteur.

En revanche, on me verra quelquefois demander un adoucissement dans la pénalité fixée par le projet.

Toutes les opinions s'accordent à demander, pour ce cas, la suppression du supplice.

Je me borne, pour le présent, à noter que ce genre de crime paraît mériter une répression d'un genre particulier. Je m'expliquerai, à ce sujet, lorsque j'en serai au système pénitentiaire.

CHAPITRE XI.

De l'Incendie.

Les dispositions du Code pénal, à ce sujet, sont tellement effrayantes, que je crois nécessaire de les transcrire entièrement :

« Art. 95. — *Tout* individu qui aura incendié, ou détruit par l'explosion d'une » mine, des édifices, magasins, arsenaux, » vaisseaux ou *autres propriétés* appartenant à » l'Etat, *sera* puni de mort.

» Art. 434. — Quiconque aura volontairement mis le feu à des édifices, navires, » bateaux, magasins, chantiers, forêts, bois » taillis ou récoltes, soit sur pied, soit abattus, soit aussi que les bois soient en tas ou » en cordes, et les récoltes en tas ou en meules, ou à des matières combustibles placées » de manière à communiquer le feu *à ces* » *choses* ou à l'une d'elles, *sera* puni de la » peine de mort.

» Art. 435. — La peine sera la même con-
» tre ceux qui auront détruit, par l'effet d'une
» mine, des édifices, navires ou bateaux. »

Le cœur se soulève à une pareille lecture. C'est la destruction des choses que la loi a en vue. Quant aux personnes, elle n'en parle même pas, et la plupart des cas énumérés excluent toute idée d'atteinte envers elles.

Ainsi, la mort pour un simple attentat aux propriétés ! Le feu mis à quelques bottes de foin, placé sur la même ligne que le parricide ! Elle était moins injuste, cette loi, flétrie pourtant du titre de barbarie, qui condamnait aux galères le braconnier, pour avoir tué un daim ou un chevreuil sur les terres du roi *.

---

* L'ordonnance de juin 1601 condamnait ceux qui, sur les terres du roi, avaient chassé aux cerfs, biches ou faons, en 83 écus et un tiers d'amende; aux sangliers et chevreuils, en 41 écus et deux tiers (art. 12.) En cas de récidive, à être battus de verges, et bannis de quinze lieues à la ronde (art. 13.) Pour la troisième fois, aux galères ou au bannissement perpétuel, après avoir été battus de verges.

La peine de mort, facultative contre les délinquans,

Rayons bien vîte de la loi des articles qui la déshonorent *.

Le seul cas, pour lequel la question de la

---

qui, après ces punitions, enfreignaient leurs bans et étaient réputés incorrigibles, fut abrogée par l'art. 2 de l'ordonnance de 1669.

On procédait du moins par gradation. Les galères étaient le *maximum*. Et, au dix-neuvième siècle, on livrerait au supplice le destructeur d'une vieille barque!

* J'ai regret à voir le projet de loi, conçu d'ailleurs dans des vues philantropiques, reproduire textuellement la cruauté draconienne du Code de 1810. L'art. 30 du projet est ainsi conçu :

« Quiconque aura volontairement mis le feu à des » édifices, navires, bateaux, magasins, chantiers, fo- » rêts, bois taillis ou récoltes, soit sur pied, soit abat- » tus, soit aussi que les bois soient en tas ou en cor- » des, et les récoltes en tas ou en meules, appartenant » à autrui ; ou qui aura mis le feu à des objets quelcon- » ques appartenant soit à lui, soit à autrui, et placés » de manière à communiquer l'incendie *à ces choses* ou » à l'une d'elles, sera puni de la peine de mort. »

C'est peu que les juges ou les jurés, comme on voudra, aient la faculté d'écarter cette peine. La possibilité du supplice, en ce cas, ne doit pas même être admise. Elle resterait comme une souillure, dans la loi, alors même qu'on n'en ferait jamais usage.

peine de mort puisse s'agiter, est celui de l'incendie d'une maison notoirement habitée.

Je dis *notoirement*, car c'est l'intention qui constitue la criminalité; et celui qui aura mis le feu à une maison qu'on croyait inhabitée, aura volontairement porté dommage à la chose, mais involontairement aux personnes.

La loi, dans la répression, doit considérer en première ligne le péril social; secondairement l'immoralité intrinsèque de l'agent et le préjudice individuel causé par l'acte.

Chez le brigand de profession, je conçois une incurable perversité.

Mais l'incendiaire sera mu le plus souvent par quelque passion accidentelle, la vengeance, par exemple. La vengeance est une affection qui altère momentanément la raison, mais ne la détruit pas tout-à-fait. Elle admet le repentir. L'incendiaire ne sera donc pas toujours arrivé au plus haut point d'immoralité.

Le préjudice causé par l'acte ! Sera-t-il le même suivant que le feu aura été mis en plein jour là où il n'y avait personne, ou bien de nuit, alors que les habitans, plongés dans le sommeil, n'ont aperçu les flammes que quand ils ne pouvaient plus y échapper. Confondra-t-on le cas où l'incendie a donné la mort, et celui où il a permis la fuite ?

Le danger social ! Il résulte de la crainte que le crime ne trouve des imitateurs. Les peines ont pour objet d'en détourner par l'exemple du châtiment.

On vole par métier ; mais quel profit, d'ordinaire, retire-t-on d'un incendie ? Ce n'est donc pas le calcul qui, le plus souvent, poussera à un crime sans intérêt. Ce sera quelque passion violente. L'homme passionné ne réfléchit pas. Il se précipite au-devant du danger. Il périra, mais il se sera vengé. Le crime d'incendie s'individualise presque toujours ; et, sous ce rapport, c'est un de ceux sur lesquels, en général, l'effet préventif des peines a le moins de prise. La considération de l'exemple ne doit donc pas être ici prédominante.

Ainsi, dans une multitude de cas, on ne remontrera pas, dans son plus haut point de gravité, l'élément constitutif de la criminalité, savoir : le péril social; comme aussi il n'offrira pas, dans leur degré le plus élevé, les caractères accessoires qui aggravent le crime, c'est-à-dire, l'immoralité de l'agent et le préjudice individuel causé par l'acte.

Mais si, pour la plupart des hypothèses, le supplice serait trop rigoureux, ne peut-il donc se rencontrer des circonstances tellement atroces, que la peine de mort devienne justice et nécessité?

Tous les souvenirs sont encore pleins de cet affreux système d'incendie organisé et soudoyé dans plusieurs départemens.

Ici, je ne raconterai pas moi-même, je puiserai les faits à une source authentique, dans le réquisitoire fait par l'organe du ministère public de la cour royale d'Angers :

« Bientôt, dit ce magistrat, les feux s'allumèrent dans les départemens du ressort de la cour d'Angers. Du 18 mai au 12 juillet, onze incendies éclatèrent dans le département de la Mayenne. Dans l'espace d'un mois, la ville de la Flèche, le bourg d'Ecomoy, les communes de Chauffeur et de Boizé, près du Mans, furent le théâtre de nouveaux incendies. Enfin, Messieurs, dans Maine-et-Loire, du 2 au 29 juillet, chaque jour fut marqué par plus d'un crime. Vingt-neuf incendies, en vingt-sept jours, se manifestèrent à Thiercé, à Durtal, à Chaumont, dans le parc du Verger, à Bauné, à Cholet, à Quincé, à Jarzé, à Corzé, sur le territoire de la commune de Gennes, à Vivy, à Montreuil, à la Bohalle, aux portes d'Angers, dans la ville même; sur les rives de la Sarthe, du Loir et de la Mayenne, comme sur les bords épouvantés de notre belle Loire; à la ville comme aux champs, à la faveur des nuits comme à la lumière du jour, des incendies allumés avec une audace peu commune, portèrent partout la dévastation et la terreur. L'exaspération devint extrême; le sommeil même ne venait point la calmer; chacun fuyait le repos, dans la crainte de s'éveiller à la lueur de sa maison ou de sa chaumière incendiées.* »

Et quand on vient à penser que ces scènes de terreur se reproduisaient simultanément sur plusieurs points du territoire, et que ce brigandage s'est prolongé pendant plusieurs mois; quand on songe à la vaste et puissante organisation que devait avoir ce complot

---

* *Gazette des Tribunaux* des 3 et 4 janvier 1831.

contre le pays, sur lequel un funèbre linceul semblait étendu ; quand on pense que des procédés nouveaux avaient été lâchement inventés pour faire un art de l'incendie *, n'est-on pas forcé de reconnaître ici l'immoralité la plus profonde, le préjudice le plus grave, le danger social le plus grand, en un mot, tous les caractères de la plus haute criminalité ?

On a cru même que ces forfaits multipliés, que l'intérêt privé ne pouvait expliquer, se rattachaient à un plan politique et aux machinations de l'ancien gouvernement. Je n'affirme rien sur un fait si grave et qui n'a pu être encore éclairci. Je ne ferai pas même ressortir cette coïncidence étrange entre la cessation subite des incendies et la chûte du dernier règne.

Je ne veux établir qu'une chose : c'est que l'incendie peut devenir une arme terrible pour les ennemis de l'ordre social ; arme d'autant

* On se rappelle que les incendiaires lançaient le feu au moyen de boules, composées avec des préparations chimiques, et dont l'effet ne se manifestait que lorsque les coupables étaient déjà à de grandes distances.

plus commode qu'elle expose moins et que le coup part d'une main invisible ; arme d'autant plus précieuse à la fureur des partis, qu'un premier essai a appris tout le mal qu'elle pouvait faire.

Vivons-nous dans des temps si calmes, les ressentimens sont-ils donc si franchement abjurés, que nous n'ayons plus à redouter le retour de pareils fléaux ? Et c'est au milieu du déchaînement de toutes les passions haineuses, qu'il serait prudent de se relâcher d'une juste sévérité envers le crime le plus dangereux et le plus facile à commettre ! Quand l'ennemi nous entoure, le moment est mal pris pour déposer les armes. Si la peine de mort n'existait pas, c'est pour de tels forfaits qu'il faudrait la créer.

En résumé, la peine de mort me paraît devoir être entièrement effacée des articles 95, 434 et 435 du Code pénal. Elle y est le comble de l'injustice.

Il faut pareillement supprimer le paragraphe premier de l'article 30 du projet de loi.

La peine de mort doit être restreinte à l'incendie d'un édifice ou d'un vaisseau notoirement habités.

Et, dans ce cas encore, vû les nuances infinies qui peuvent se manifester, j'adopte l'échelle de pénalité proposée par le projet, savoir : les travaux forcés à temps jusqu'à la peine de mort.

CHAPITRE XII.

Du crime de Fausse-Monnaie.

Je pense qu'on pourrait donner pour *minimum*, au faux-monnoyage, la peine de cinq ans d'emprisonnement.

Pour le misérable qui aura blanchi une monnaie de cuivre, ou mis en circulation une fausse pièce de cinquante centimes, la privation de la liberté, pendant cinq années, ne sera-t-elle pas une répression suffisante ? Le malheureux ! la faim seule peut-être l'a poussé au crime, et il n'en aurait plus commis d'autre ! C'est assez, c'est beaucoup faire pour l'exemple, que d'appliquer un tel châtiment à un tort si léger. Quelle lésion l'ordre social a-t-il pu éprouver d'une aussi faible atteinte ? Quel danger y a-t-il qu'une fraude si grossière et si aisée à découvrir engage à l'imitation, alors surtout qu'il y aura certitude d'un châtiment bien supérieur au profit à espérer ? Car, la peine ainsi réduite, les jurés ne reculeront pas devant son application, et les coupables ne pourront plus faire entrer dans leurs calculs l'espoir de l'impunité.

Mais supposez des bandes pour la fabrication de la fausse-monnaie; supposez-leur des ateliers et une organisation complète, serait-il prudent d'user de la même indulgence?

La vigilance, va-t-on me dire, et l'activité de la police sauraient bientôt découvrir de pareils repaires et les empêcher de devenir dangereux.

Mais, si elle n'y parvenait pas!

Tout se perfectionne aujourd'hui, et l'industrie des méchans n'est pas en arrière du siècle. On a bien su allumer des milliers d'incendies en plein jour et sans être vu! Serait-il donc impossible de simplifier le mécanisme de la fabrication, de manière à travailler sans bruit dans quelque cave ignorée?

Qu'y aurait-il de plus facile pour les billets de banque? Avec le secours de la lithographie ne pourrait-on pas, dans l'ombre et le mystère, atteindre la plus parfaite imitation? Un espace de quelques pieds suffirait pour en faire des millions. Le papier qu'on y emploie est confectionné à l'aide de procédés particuliers ! Ce que des hommes ont fait, d'autres hommes peuvent le faire.

S'il est vrai que la société ait le droit de se défendre, je puis dire que jamais elle ne fut menacée par un ennemi plus dangereux.

La société repose sur des bases de convention. Une des plus essentielles est la monnaie. C'est la monnaie qui fournit aux hommes le moyen de se communiquer mutuellement les choses nécessaires à l'existence collective. C'est elle qui fait circuler l'aisance et la vie dans le corps social.

Que des monnaies contrefaites soient émises en forte quantité, et voyez les résultats. Ceux qui en ont pris sont ruinés. Tous les autres craignent d'en recevoir. Dès ce moment l'argent se resserre, le crédit est éteint, le commerce anéanti. La misère se répand sur toutes les classes. Considérez tous les maux qui peuvent s'en suivre : des milliers d'infortunés réduits à la mendicité et au désespoir ? Tel, qui eût été le plus honnête homme, peut devenir criminel pour donner du pain à sa famille !

Supposez la place inondée de faux billets de banque. Je vois au bout la ruine des particuliers, peut-être même la banqueroute du trésor public.

Trop souvent, les feuilles publiques viennent nous attrister par le récit de la disparition de négocians, dont le corps inanimé se retrouve plus tard à la morgue.

Qui pourrait calculer le nombre de suicides qui auraient lieu si, au jour de ses échéances, le commerçant ne trouvait plus dans son coffre que des feuilles de chêne?

Votre tableau est trop noir, me dira-t-on. Jamais on ne vit pareille chose.

Savez-vous bien pourquoi il n'en est pas d'exemple? Je vais vous le dire.

Le faux monnoyage est le genre de crimes qui suppose le plus de sang-froid et de calcul.

Le faux-monnoyeur travaille pour jouir. La mort seule peut lui en ôter l'espoir. Garantissez-lui la vie, et il se livrera avec ardeur à un métier qui vaudra pour lui la découverte de la pierre philosophale.

Si vous l'envoyez à Brest, il saura se faire des chaînes d'or; et celles-là sont plus légères et plus faciles à rompre.

Figurez-vous un homme que la débauche ait perverti et ruiné. Il conserve les talens que lui donna l'éducation. D'un côté, le bagne ; mais aussi, de l'autre côté, la dernière détresse. Misère pour misère, il embrassera une profession qui promet la fortune et où le pis-aller sera de redevenir misérable.

Menacez-le de la mort, et il cherchera une moins périlleuse industrie.

Quand je réfléchis à la facilité et à l'appât qu'offre le faux monnoyage, je me demande comment il se fait que ce crime soit si rare ?

N'est-ce pas, encore une fois, que ce crime étant l'effet, non d'une affection violente, mais d'un calcul raisonné, c'est celui où l'on apprécie le mieux les chances qu'il fait encourir, et où la crainte du supplice devient plus vive et plus efficace ?

Gardons-nous d'abolir témérairement le préservatif qui nous a garantis jusqu'à ce jour.

Si les désastres, que j'ai prévus, ne sont point encore venus nous plonger dans le deuil, c'est à la crainte seule du supplice que nous le devons.

Et parce que la menace a, jusqu'à ce jour,

produit son effet, on s'imagine qu'on peut s'en passer.

A entendre un pareil langage, je ne vois pas pourquoi on ne pourrait pas dire aussi : « Un siècle s'est écoulé sans que la peste ait » répandu la consternation et la mort dans » nos cités. Supprimons les lazarets ! »

Osez affranchir du supplice les faux-monnoyeurs, et ce que vous n'avez pas vu, vous le verrez.

Venons donc à compte.

Je ne vous dirai pas que vous mettez en parallèle la vie d'un être qui, après tout, fut coupable, avec celle d'hommes irréprochables. Voyons du moins de quel côté penchera la balance.

Si vous maintenez la menace de la mort, elle préviendra les calamités dont j'ai tracé la peinture; et, devenant son remède à elle-même, elle empêchera qu'il n'y ait lieu à l'infliction du supplice. Les causes de ce genre n'offriront plus que quelques misérables tentatives pareilles à celles que je crois suffisamment punies par quelques années d'emprisonnement.

Retranchez de la loi la menace par laquelle la peine de mort n'eût subsisté que nominalement, et vous engendrerez des crimes nombreux et de fréquens suicides !

Ces hommes que leur ruine poussera au crime, c'est vous qui les aurez fait criminels ! Ces malheureux que la perte de leur fortune portera au suicide, c'est vous qui les aurez tués ! Quel si grand service votre intempestive philantropie aura-t-elle rendu à l'humanité ?

Je passe maintenant à l'examen des motifs du projet de loi.

« Le crime de fausse-monnaie, y est-il dit, » est un de ceux *qui créent le plus de dangers et* » *excitent le plus d'alarmes* ; en ébranlant la » confiance qui est due à la monnaie natio- » nale, il fait disparaître toute sécurité des » transactions de la vie civile : toutefois, *c'est* » *un crime contre la propriété*, et non contre » les personnes ; et, quelque grave qu'il soit, » *la conscience publique* ne permet plus l'ap- » plication de la peine capitale. »

Ce n'est, dites-vous, un crime que contre la propriété !

Mais vous avez vous-même détruit toute la force de cette considération, lorsque, dans une hypothèse mille fois moins grave, vous n'avez pas hésité à porter la peine de mort pour la destruction des simples choses, pour le feu mis à une meule de paille ou bien à un tas de foin !

D'un autre côté, l'exposé des motifs reconnaît que le crime de fausse-monnaie est un de ceux qui créent le plus de dangers et excitent le plus d'alarmes.

Et s'il est vrai, comme je l'ai établi en principe, que ce soit le péril social qui doive être la mesure de la pénalité, impossible de ne pas voir dans le crime de fausse-monnaie, celui qui nécessite la répression la plus sévère et la plus exemplaire.

La conscience publique, ajoute-t-on, ne permet plus l'application de la peine capitale.

Sans doute, ce n'est point là un de ces forfaits qui effraient l'imagination et font frémir la nature.

Il n'en devient par là même que plus dangereux.

Si l'horreur générale ne s'attache pas aussi vivement au faux-monnoyeur qu'à l'assassin, si la sanction populaire a sur lui moins d'empire, n'est-ce pas une raison de plus pour renforcer la sanction pénale, la seule qui nous reste contre lui?

Je l'ai déjà dit, s'il fallait se décider par la moralité extérieure de l'acte, pourquoi des peines si terribles contre des faits qui n'offrent pas la moindre trace de perversité: l'infraction aux lois sanitaires, par exemple:

Ne nous laissons pas éblouir par le prestige des mots, ni par une fausse sensibilité.

Le législateur est le médecin de la société malade *. Et l'opérateur, chargé de faire l'amputation d'un membre, doit-il se laisser émouvoir par les cris du patient?

L'ordre social a ses exigences nécessaires. Ne cédons pas à l'influence d'opinions populaires, non raisonnées, et qui s'arrêtent à la surface des choses. Le législateur doit porter plus loin ses investigations. Il ne doit, dans aucun cas, s'exposer au reproche d'imprévoyance.

En indiquant pour *minimum* cinq ans d'emprisonnement, je crois avoir fait la part

---

* Montesquieu a dit : *La peine de mort est le remède de la société malade.*

de l'indulgence et de l'humanité ; je l'ai faite plus large que celle du projet.

Mais la société aussi a ses droits. Il se passera bien du temps avant qu'il lui soit utile d'en faire usage. Tant mieux ! Mais que, pour sa défense, au besoin, la peine de mort continue à subsister, comme ces pièces d'artillerie qui, au sein d'une paix profonde, reposent dans nos arsenaux, et sont toujours prêtes à tonner au premier signal du danger.

CHAPITRE XIII.

De l'Assassinat.

Me voici parvenu à celui de tous les crimes dont le nom inspire le plus d'horreur et pourtant dont l'auteur est souvent le plus digne de pitié.

Ici, il ne s'agit plus de nuances imperceptibles, difficiles à saisir, et qui laissent après elles quelque doute sur l'étendue du péril social, comme aussi sur l'immoralité de l'agent.

C'est pour ce crime surtout que devient indispensable la distinction que j'ai déjà indiquée; distinction si clairement marquée qu'on peut la poser en régle générale.

Comment pourrait-on confondre le cas où l'assassinat est l'effet d'une passion violente et accidentelle, comme la colère, la jalousie, etc., avec celui où il est le fruit du brigandage et d'une perversité habituelle?

Quelques exemples rendront la chose plus sensible.

Ernestine Vidal, jeune encore, vivait depuis plusieurs années avec Gélyot; c'était son amant, et leur union, long-temps paisible, s'était encore resserrée par différens témoignages d'attachement et d'amour. Ernestine avait remis plusieurs billets à Gélyot. Elle lui avait donné une tresse de ses cheveux. Gélyot parut se réfroidir; ses visites devinrent de plus en plus rares. Elle le soupçonna d'infidélité; et, dès-lors, elle conçut la fatale pensée d'avoir avec lui une explication. Elle voulait, disait-elle, retirer les billets qu'elle avait eu tant de plaisir à donner; elle tenait surtout à reprendre ses cheveux. Elle s'arme d'un couteau récemment aiguisé et se présente chez Gélyot. Elle lui demande ses billets; elle l'interroge sur les motifs qui l'empêchent de venir la voir. Gélyot prétexte de nombreuses occupations et répond aux pressantes questions d'Ernestine. Tout en causant, il laisse tomber quelque chose et veut le ramasser. Alors Ernestine, égarée par ses fureurs jalouses, saisit le couteau qu'elle avait caché sous ses vêtemens et, de toutes ses forces, en porte plusieurs coups sur la tête et un autre à la gorge de Gélyot. Quoique atteint de blessures profondes, celui-ci parvient à désarmer Ernestine. Mais elle change aussitôt d'attitude. De furieuse qu'elle était, elle devient suppliante. Elle voit le sang de Gélyot couler; il tombe. Elle le prie instamment de lui rendre le couteau. « Donne, donne-le moi, ce couteau, dit-elle ; tu as un coup mortel, mourons ensemble. » Gélyot eut encore assez de force pour résister à cette demande.

Malgré tous les efforts de Gélyot pour soustraire cette malheureuse aux poursuites de la justice, Ernestine est traduite sur le banc des criminels, sous le poids d'une accusation capitale.

Une émotion profonde agite l'accusée. Sa respiration est courte et précipitée. De temps en temps elle murmure ces mots avec effroi : *Mon Dieu! mon Dieu!*

On lui demande, n'était-ce pas dans l'intention de vous venger de Gélyot, que vous vous êtes armée d'un couteau? R. Non, non, j'aimais trop Gélyot pour le frapper.

Gélyot est entendu à son tour. Son émotion l'empêche d'achever sa déposition. Ses jambes tremblent; il ne peut plus se soutenir. Il détourne sa tête du côté des jurés et couvre, avec un mouchoir, son visage inondé de pleurs. On le fait asseoir.

Au même instant, Ernestine tombe renversée. On s'empresse de lui prodiguer des secours. On la relève, on la soutient pour la conduire dans la chambre des accusés.

Après une suspension d'un quart-d'heure, l'audience est reprise; mais l'un des jurés dit à la cour qu'une indisposition subite le met dans l'impossibilité de continuer ses fonctions.

Après une nouvelle suspension, on reprend l'audience.

On demande à Gélyot : Sentiez-vous que vous étiez blessé si gravement ? *Gélyot* : non, monsieur ; je lui dis : *ce ne sera rien*; mais elle m'a fait une terrible impression en me disant : *Ce coup est mortel; rends-moi ce couteau que nous mourions ensemble!*

Ce n'est pas la faute de la loi si cette infortunée ne fut pas livrée au supplice que l'on requérait contre elle *.

---

* Et, d'après le projet de loi, le *minimum*, en pareil

Et si le jury n'avait pas écarté la circonstance de la préméditation, elle périssait ignominieusement de la main du bourreau.

Je frémis encore en songeant à la peine affreuse dont l'humanité des jurés ne put la préserver ; dix ans de réclusion et le *carcan !*

Loi barbare ! châtie, tue même, mais ne flétris que ceux déjà flétris par le crime.

On dit que l'appareil des peines inspire souvent la pitié. Faut-il expliquer pourquoi, après un pareil exemple ?

Si vous voulez qu'on ait en horreur de telles actions, et qu'on applaudisse à vos rigueurs, faites alors fermer au plus vîte tous nos théâtres. Comment espéreriez-vous que ceux qui se sont attendris aux douleurs imaginaires du Maure, ne garderont pas quelques larmes pour une catastrophe aussi ressemblante ?

Quelle distance incommensurable d'Ernestine au hideux scélérat dont je vais tracer le portrait, d'après une de nos meilleures feuilles.

---

cas, serait encore la peine des travaux forcés à temps.

« Le nommé Poulailler, condamné *à huit* » *ans de réclusion* pour vol de complicité, » n'est âgé que de vingt ans. Il a sur la cuisse » droite, près du genou, un homme tatoué » en bleu, représenté sous des traits mena- » çans, portant, sur le bras gauche, deux » clés croisées, un pistolet à la ceinture, un » poignard à la main droite, et ayant le bras » levé comme pour frapper. Au-dessus de » cette figure, on voit une tête de mort posée » sur un pistolet et sur un poignard en sau- » toir. Plus bas sont écrits ces mots en carac- » tères ineffaçables :

» *Voilà les restes d'une bande,*
» *Victimes à huit ans chacun.*
» *Ici, je jure, moi Poulailler,*
» *D'être fidèle à Ribou jusqu'à la butte.*
» *Sitôt libre*, MORT AUX SIMPLES !

» (Ce Ribou, condamné à huit ans de ga- » lères, est maintenant au bagne de Brest.)

» Au-dessous de ces mots est figurée une » guillotine, de chaque côté de laquelle sont, » à droite, le millésime de 1829 (époque de » sa condamnation); et à gauche, celui de » 1837 (époque de sa libération).

» Sur la poitrine de ce misérable, on aper-
» çoit, au téton gauche, une monture de
» poignard de grande dimension, dont la
» lame est enfoncée dans le cœur ; ce qui est
» indiqué par du rouge qui représente l'effu-
» sion du sang. Au téton droit, est une pyra-
» mide sépulcrale, surmontée d'une urne ci-
» néraire avec les attributs du temps, et dont
» la base se termine par une tête de mort. *»

Quel contraste entre cette figure satanique et la touchante Ernestine !

Le cœur de l'une offre l'image d'un beau jour, où l'éclat du soleil est momentanément voilé par un nuage. L'âme de l'autre présente l'aspect d'un affreux ouragan portant autour de lui la terreur et la destruction.

L'exécrable Poulailler n'a été condamné qu'à huit ans de détention ; et Ernestine...... dix années d'emprisonnement ! ! !

Si nous voulons être justes, sachons faire la différence qu'élève entre les coupables la diversité des impulsions auxquelles ils succombent.

Gazette des Tribunaux, du 17 octobre 1829.

L'homme dominé par la passion ne menace qu'une tête. Comme Ernestine, il sera souvent le premier à pleurer sur sa victime.

Un Poulailler est dangereux pour tous. Il est l'ennemi du genre humain. Un premier forfait ne l'arrête pas. Sitôt libre, dit-il, *mort aux simples*!

Et si le plus criminel n'est pas toujours puni du supplice, pourquoi serait-on sans merci envers celui qui n'inspire que compassion?

Quelquefois encore, le coupable a cédé à l'ascendant d'une sorte de fatalité. Le remords déchirant devient alors sa plus cruelle punition. L'antiquité en fournit un type dans Oreste poursuivi par les furies vengeresses du crime.

Ainsi, toutes les fois que l'assassinat aura eu pour moteur une passion violente, il sera rare de trouver en lui ce degré éminent de péril social sans lequel le supplice serait injustice; comme aussi il ne dénotera pas toujours cette profonde immoralité qui, si elle ne constitue pas le crime, contribue du moins à l'aggraver.

Mais serait-ce une raison pour l'affranchir

en ce cas et, par avance, de la peine de mort?

Vous verriez alors les scélérats exploiter avec adresse la chance d'impunité qui leur serait offerte.

Brutus sut contrefaire long-temps l'insensé pour frapper plus sûrement la tyrannie. Les méchans ne seraient pas moins ingénieux à simuler et préparer de longue main les circonstances qui pourraient les placer dans le cas d'excuse légale.

Rendons impossibles de pareils calculs, en montrant toujours dans le lointain la peine de mort. Bornons-nous à laisser son application facultative au juge, car lui seul saura discerner la vérité du mensonge.

On ne peut, sur ce point, que donner des conseils aux magistrats. On ne saurait, sans danger, les lier par des ordres impérieux.

Les règles absolues conduisent toujours à une cruauté injuste ou à une funeste impunité.

Que l'humanité soit permise aux juges; qu'elle soit dans leur âme pour qu'ils sachent être indulgens, là, où le coupable, au lieu d'horreur, n'inspirerait que sympathie et intérêt.

Mais que la loi conserve son utile sévérité pour l'effroi des méchans et la sécurité de tous.

Que la peine de mort reste écrite pour ces cas où l'atrocité du crime, l'immoralité du coupable et le danger social sont portés au comble.

Est-il, par exemple, de peine trop forte pour d'affreux scélérats tels que ceux pour qui la langue anglaise a inventé un mot nouveau, celui d'*étouffeurs*? On sait que ces brigands étouffaient hommes ou femmes, afin de vendre leurs cadavres au collége d'anatomie! Les victimes étaient presque toujours des ivrognes qu'ils surprenaient le soir, sans défense, sur les chemins publics ou dans des quartiers isolés. Edimbourg et Dublin furent tour-à-tour le théâtre d'un si épouvantable trafic *.

Les pirates, encore, ces assassins par métier, n'est-ce pas justice de les livrer au supplice, d'en purger la société?

Ce n'est que dans les ouvrages d'imagination

---

* *Gazette des Tribunaux*, du 17 octobre 1829.

qu'on trouve de ces écumeurs de mer généreux et presque vertueux. Je ne vois en eux que des brigands endurcis, audacieux, qui ne briseraient leurs fers que pour rejoindre leurs hideux camarades et redevenir les fléaux de l'humanité.

Non, la peine de mort ne saurait être, sans péril, entièrement effacée de nos codes.

Tout ce que la justice demande, c'est qu'on fasse une distinction entre les divers degrés de criminalité et qu'on ne les confonde pas dans le même supplice.

Prenant en considération les circonstances les plus favorables, je voudrais qu'on donnât pour base à l'échelle pénale de l'assassinat, dix ans de réclusion *.

---

* Et comme, dans quelques cas, cette peine serait encore excessive, on pourrait la commuer en une détention dans des établissemens pénitentiaires. Cette matière fera l'objet d'un chapitre à part.

CHAPITRE XIV.

De l'Empoisonnement.

Le crime d'empoisonnement touche de près à l'assassinat. Il en est une variété. Il est plus odieux et plus dangereux encore.

L'assassin du moins expose sa vie. Il laisse des traces après lui. La crainte d'être découvert le retient souvent.

L'empoisonneur agit dans l'ombre et le mystère. Quelques grains d'acétate de morphine jetés dans un breuvage par une main invisible, et l'homme expire sans qu'on sache même la cause de sa mort ! Et le meurtrier assiste aux tourmens de sa victime, savoure ses douleurs, sans que rien le trahisse !

On prend des précautions contre les bandits qui infestent les routes. Quel moyen de se garantir d'un empoisonneur ?

L'empoisonnement renferme donc plus de

danger social que la plupart des assassinats.

Il démontre aussi une perversité plus grande. Les moyens ordinaires de tuer sont sous la main de tout le monde : une impulsion rapide et momentanée fait saisir le couteau, le fusil qui sont là, tout prêts. Le coup part et devance le remords.

Mais les poisons ne sont pas faciles à se procurer. Il faut aller les chercher ; il faut de la peine, de la ruse même pour en avoir. Tout cela demande du temps et suppose réflexion, persévérance.

L'empoisonnement demande donc une répression plus forte, plus rigoureuse que l'assassinat.

Je crois qu'ici l'échelle pénale doit s'arrêter à quinze ans de travaux forcés.

CHAPITRE XV.

Des crimes qui ne comportent pas d'échelle pénale.

De tous les forfaits le plus atroce, c'est le paricide. C'est un crime à part et au-dessus des règles ordinaires. Celui qui baigne sa main dans le sang de son père ne mérite plus le nom d'homme. Il a perdu les droits que donne ce titre. Qu'il périsse! Rien ne saurait atténuer son forfait.

Toutefois je me joins à ceux qui demandent qu'on supprime la mutilation du poing. Ce n'est là qu'une barbarie digne d'un autre siècle, et qui n'ajoute rien à l'exemple.

Mais il est une distinction à faire entre le parricide proprement dit et l'assassinat d'un père adoptif.

L'adoption est une fiction d'ordre purement civil. Elle ne saurait imiter entièrement la nature. D'ailleurs, nouvelle parmi nous et d'un rare usage, elle n'a point jeté d'assez profondes racines pour devenir une seconde nature.

L'adoption a pour but de resserrer les liens de l'amitié. Elle rend plus intimes les rapports de bienfaiteur, mais elle ne fait pas un père.

Cependant, celui qui donne la mort à son bienfaiteur manifeste une si grande perversité, qu'elle élève son crime au-dessus de l'homicide ordinaire.

Pour ce cas, je fixerais l'échelle pénale à quinze ans de travaux forcés.

Et si l'assassinat, commis sur le père adoptif, avait lieu par l'empoisonnement, alors le *minimum* pourrait être de vingt ans de travaux forcés.

Il est une hypothèse pour laquelle toute échelle pénale me paraît impossible; c'est celle du condamné aux travaux forcés à perpétuité qui tue son gardien.

Quelle peine, autre que la mort, aurait-on contre lui ? S'il ne peut pas être puni davantage qu'il ne l'est, quel frein pourra le retenir ? Songez que ceux qui ont mérité le bagne à perpétuité, sont des scélérats endurcis et prêts à tous les crimes. N'aurait-on pas dès-lors à redouter des complots d'évasion à force ouverte, pour lesquels on serait sans moyens de répression ? Qu'auraient-ils à risquer en cas d'insuccès ? Chaque jour amènerait sa tentative. Il en réussirait toujours quelque une. Autant de tigres lancés dans la société.

Enfin, pour l'infraction aux lois sanitaires, il n'est qu'une peine, c'est la peine de mort.

Laissez le supplice seulement facultatif, et l'homme ne se persuadera jamais que des juges, ayant l'option, se décideront à le faire mourir pour un fait dénué de perversité ; et encore, on ne lui ôtera jamais la pensée et l'espoir qu'à la prochaine occasion solennelle, les premières lettres de grâce ne seront pas pour lui.

La menace a suffi jusqu'à ce jour ; jamais elle n'a fait couler le sang. Conservons-la sous peine des dernières calamités.

Est-il nécessaire d'évoquer le souvenir du terrible fléau qui, il y a un siècle, joncha de cadavres nos villes méridionales ? Quel péril social plus formidable peut-on concevoir que celui qui peut détruire des cités? N'oublions pas que la peste est toujours dans nos lazarets. Qu'un seul homme sorte des lieux infectés, et Marseille sera de nouveau ce qu'elle fut sous Belzunce, ce qu'est, chaque année, Constantinople.

J'ai parcouru la série des crimes pour lesquels la peine de mort est écrite dans nos lois *. J'ai recherché les divers degrés de criminalité que comporte chacun d'eux. J'ai essayé d'indiquer les bases au moyen desquelles on peut espérer une équitable graduation entre le crime et la répression, et concilier ainsi la justice et l'humanité.

---

* Je ne parle pas, en ce moment, des crimes politiques. Ils seront l'objet d'un examen particulier. Je ne dis rien non plus des crimes militaires. Ils font la matière d'un Code spécial. Mon but principal, en prenant la plume, a été de justifier le maintien de la peine de mort. Ce que j'ai dit, à ce sujet, témoigne assez de la nécessité de ne pas abolir le supplice si nécessaire à la discipline militaire, sans laquelle il n'y a pas d'armée possible. Le Code militaire est susceptible d'améliorations, tout comme les autres. Mais la peine de mort y est plus indispensable encore que partout ailleurs.

Je ne puis mieux résumer cette partie de mon travail qu'en rappelant les paroles mémorables d'un magistrat, à la suite de la condamnation d'une tante, convaincue d'assassinat sur sa nièce, avec d'horribles circonstances. Après la prononciation de l'arrêt le président de la cour d'assises adressa, d'une voix émue, à la condamnée cette allocution : « Mon devoir m'a souvent appelé à prononcer des sentences de mort, mais jamais je n'en ai prononcé avec autant de sécurité que celle qui vient de sortir de ma bouche. *Quelque porté que je sois personnellement à voir disparaître de nos Codes la peine de mort*, il me semble qu'il est à désirer que la loi *permette* toujours de l'appliquer à des crimes aussi atroces que celui de la condamnée *. »

---

* *Gazette des Tribunaux* du 23 avril 1829.

CHAPITRE XVI.

Dangers de l'abolition absolue de la Peine de mort.

Il s'en faut que tous les coupables soient également dangereux. Mais, dans le nombre, il se trouve des êtres d'une férocité telle qu'elle les met au-dessus de tous remords et de toutes craintes. Ils semblent nés, comme dirait le docteur Gall, avec la bosse du crime.

Cet endurcissement est-il l'effet de quelque défectuosité dans l'organisation ? La chose n'est pas impossible ; mais le plus souvent c'est l'homme qui se pervertit lui-même.

Nous naissons avec des passions qui portent au bien ou au mal, suivant la direction qu'on leur donne.

Néron commença par être doux et humain. Il écouta ses flatteurs, se livra à des goûts vicieux, et, après avoir fait les délices du monde, il finit par en devenir l'horreur.

Cette fiction d'un bon et d'un mauvais génie est le symbole de notre égale aptitude au vice et à la vertu. Le même homme peut se faire, à son gré, ange ou démon.

A force de s'abandonner aux penchans criminels, on s'en rend l'esclave. Comme la goutte d'eau qui, tombant continuellement sur le mêmepoint, creuse à la longue le rocher, ainsi le retour perpétuel des mêmes idées finit par les enraciner à jamais dans le cœur. L'habitude devient alors une seconde nature.

Un homme a sa fortune délabrée. Il implore les riches et n'en essuie que des refus. Le contraste de leur opulence et de sa misère irrite et exalte une imagination ardente. Une pensée fixe s'empare de lui. Cette inégalité des biens de la fortune lui semble une iniquité. Il regarde ceux qui jouissent d'une aisance qu'il n'a pas, comme des usurpateurs. Rebuté de tout le monde, il voit un ennemi dans chacun de ses semblables. Il lui paraît naturel de rétablir l'égalité par la violence. Il s'associe à des bandits. Ils sont à ses yeux des victimes, comme lui, de l'injustice. Il en fait ses concitoyens. Il se crée parmi eux une nouvelle patrie. Il déclare la guerre à la société ; non une guerre ouverte, il n'est pas assez fort, mais une guerre d'autant plus dangereuse, qu'il frappe à l'improviste et dans l'obscurité. Une fois endurci, il prend goût à son affreux métier. Il ne voulait, dans l'origine, que rétablir sa fortune. Maintenant, il est plongé dans le crime, il ne peut plus s'en retirer. Un reste de conscience l'avertit de l'horreur qu'il doit inspirer. On lui offrirait son pardon, qu'il n'y compterait pas ; il le prendrait pour un piège. Sa haine en redouble. Il fait désormais le mal pour le plaisir de le faire ; c'est un besoin pour lui. Ses pas dans la société ne seront plus marqués que par des traces ensanglantées. Ses sentimens se sont pervertis sans retour. Voilà l'histoire de la plupart des bandits de profession.

Quel espoir de retour de la part d'un frénétique comme celui dont parle M. Ch. Lucas ? « A la cour d'assises du département de la » Mayenne, Fauconnier, forçat libéré, s'écrie, » en entendant la condamnation qui le ren- » voie aux galères à perpétuité, qu'il espère

» commettre bientôt un nouveau crime, et
» reparaître en justice pour se faire trancher
» la tête *. »

De tels forcenés sur lesquels la crainte de la mort même ne peut rien, quel frein pourra les retenir? Que tarde-t-on de les retrancher de la société, pour laquelle leur existence est une calamité, un péril continuel?

Quand l'homme est arrivé à un pareil point

---

* J'aimerais à voir quel effet produirait sur un tel monstre et sur ses pareils, cette allocution de M. Ch. Lucas : « Ah! le meilleur moyen de rappeler au cou-
» pable le caractère sacré du devoir qu'il a violé, n'est-
» il pas de le respecter en lui-même? Ce n'est qu'alors
» que le méchant conçoit qu'il y a des devoirs en ce
» monde; que ce n'est point un vain mot dont les gou-
» vernemens se servent pour abuser et asservir les
» hommes, mais dont ils ne sont pas dupes, car ils
» savent s'en dispenser au besoin. Quand il verra la
» société s'abstenir de le tuer, lui meurtrier, il com-
» prendra qu'il est en effet défendu à l'homme d'atten-
» ter à l'existence de son semblable, et alors seulement
» il concevra toute la sainteté du devoir qu'il a violé,
» toute l'énormité du crime qu'il a commis. »

Ainsi soit-il! Mais qui pourra raisonnablement l'espérer?

de dépravation, c'en est fait de lui. Il faudrait un miracle pour le ramener à la vertu, et le législateur ne doit pas faire dépendre le repos social d'un miracle.

La guérison de pareils êtres est tellement désespérée que des savans, voués par état à l'étude des maladies de l'esprit humain, ont cru reconnaître en eux les traits de la folie, c'est-à-dire, la privation de la raison et de la *liberté morale* *.

Sans adopter la conclusion outrée qu'on tire de ce fait **, je me borne à le poser.

---

* M. Esquirol, note sur la monomanie homicide, page 311 de l'ouvrage d'Hoffbauer.

** On a conclu de là qu'aucune peine ne devait être prononcée en ce cas. M. Georget, dans son examen médical des procès de Lecouffe, Léger, Papavoine; et M. Marc, dans une consultation médico-légale sur Henriette Cornier, ont soutenu que ces criminels auraient dû être acquittés comme fous.

M. Elias Regnault, dans un écrit intitulé : *Du degré de compétence des médecins dans les questions judiciaires relatives aux aliénations mentales, et des théories physiologiques sur la monomanie*, ouvrage qui se fait lire avec intérêt de tout le monde, et qui peut être consulté avec

Que cet état soit l'effet d'un ascendant irrésistible ou d'une nature volontairement pervertie, c'est ce que je crois inutile de rechercher. Qu'importe la cause quand le résultat est le même?

Or, quelle différence y a-t-il entre ces créatures dégradées et les bêtes féroces?

C'est la raison, c'est la liberté morale qui distinguent l'homme et l'élèvent au-dessus de la brute. « La liberté, dit M. Ch. Lucas, est » éclairée dans l'homme, et c'est pour cela » qu'elle s'appelle liberté morale. » C'est cet attribut qui, d'après lui, constitue la personnalité de l'homme et donne à celui-ci un droit à l'existence qu'il refuse aux animaux.

L'être déchu de ce caractère est par là réduit au niveau et à la condition des bêtes.

N'argumentez plus en sa faveur, de sa qualité primitive d'homme, il n'en a conservé que la figure.

---

fruit par le législateur, a victorieusement réfuté cette conséquence erronée et dangereuse. En effet, avec de pareilles idées, il n'est pas de scélérat qui ne trouvât une facile excuse dans la violence de ses passions. Plus son crime serait grand, plus il serait excusable, car son égarement n'en aurait été que plus fort.

Satan, avant sa rebellion, était le plus beau des anges. Depuis sa chûte, il n'est plus qu'un damné *.

La société a donc, pour se défendre contre les scélérats, le même droit que pour se garantir des animaux malfaisans.

La mesure de ce droit, c'est l'utilité.

Tant que le méchant ne sera point parvenu à un état de fureur tel, que sa mort seule puisse nous préserver de ses coups, ce serait cruauté de lui ôter la vie, tout comme c'en serait une de tuer un animal inoffensif.

Mais lorsque sa rage est devenue si forte qu'elle rend son existence incompatible avec la sûreté publique, pourquoi ne pas en délivrer la société?

En le détenant, dites-vous, on le mettra dans l'impuissance de nuire.

---

* L'homme religieux trouvera, dans cet exemple, une autorité décisive en faveur du droit de la société. Le philosophe, s'apercevant que le supplice des esprits rebelles fait la base de toutes les cosmogonies, y verra un apologue, expression de la sagesse des siècles, et ayant pour moralité le droit de défense contre les méchans.

Si cela suffit, j'y consens.

Songez d'abord que vous ne voulez pas de détention perpétuelle.

Et même, en admettant l'emprisonnement à perpétuité, est-on bien sûr qu'il ne parviendra pas à s'échapper ?

Les bandits gagnent de l'or à leur abominable métier ; l'or qui, selon l'expression du poëte, se plaît à briser les rochers, à enfoncer les portes les plus solides.

D'ailleurs, ce ne sont point des hommes ordinaires que les brigands de profession. Ils sont adroits ; ils ont des affidés. Un chef est précieux pour sa bande. Le crime a aussi ses Pylades et ses Blondels. Il n'est sorte de dévoûment dont les bandits ne fassent preuve pour aider à l'évasion d'un des leurs. La *Gazette des Tribunaux* en cite un, entre autres, pour lequel il n'y avait pas de prison possible.

« Jean-Baptiste-David Arriorde, lit-on dans le numéro du 17 octobre 1819, évadé le mois dernier de l'hôpital de Rochefort *, avait

* Les circonstances de cette évasion sont des plus curieuses. Arriorde s'était glissé à la suite de M. de Martignac, qui allait visiter le bagne de Rochefort. Il fut

été condamné à vingt ans de travaux forcés pour vol commis avec plusieurs circonstances aggravantes. Détenu au bagne de Toulon, il était parvenu à s'en échapper une première fois, le 21 juillet 1827. Repris quelque temps après, il s'évada de nouveau au mois de septembre 1828. *Depuis cette dernière évasion, il a assassiné* le nommé Périn, dont il a pris le nom et le passeport. Il est également prévenu d'avoir, avec six complices, assassiné une autre personne aux environs de Rouen.»

» Arriorde fait aujourd'hui partie d'une bande de brigands qui exploitent l'intérieur

---

dénoncé par deux forçats qu'il cherchait à gagner pour qu'ils le missent en rapport avec le forçat Arrigonde, dont il voulait faciliter l'évasion. Condamné pour ce fait, il feint une maladie et se fait conduire à l'hôpital. Ayant remarqué que les chirurgiens qui desservaient la salle où il se trouvait, portaient des lunettes et une casquette, il s'en procure. Le moment de la visite arrivé, Arriorde met ses lunettes et sa casquette, prend un livre sous son bras, et se présentant fièrement devant le factionnaire, lui crie : « Ouvrez la grille. » On ne s'aperçut de son départ que lorsqu'il n'y avait plus moyen de l'arrêter.

de la France, et dont le chef est un nommé Coulonge, forçat également évadé de Toulon et plus tard des prisons de Lyon, où il avait été arrêté. Il paraît, d'après les débats qui ont eu lieu devant le tribunal maritime, qu'Arriorde était venu à Rochefort pour faire, s'il était possible, quelques recrues parmi les notabilités du bagne. Il voulait, en effet, faciliter l'évasion de Collet, qui se fit passer pour évêque, pour intendant-général, et d'Arrigonde, qui n'est pas un homme moins redoutable par sa ruse et l'adresse avec laquelle il parvient à se débarrasser de ses chaînes. Ce dernier, condamné une première fois, par la cour d'assises de Toulouse, à quinze ans de travaux forcés, l'a été, depuis, par le tribunal correctionnel d'Angoulême, à dix ans d'emprisonnement; par le tribunal maritime spécial de Rochefort, le 3 octobre 1825, à trois années de prolongation des travaux forcés; par l'arrêt de la cour d'assises de Saintes, le 11 juillet 1826, à vingt ans de travaux forcés et à la flétrissure, pour vol commis de nuit dans une maison habitée; par le tribunal maritime spécial de Rochefort, le 18 septembre 1826, à trois années de prolongation, pour une troisième évasion. Ce même Arrigonde, repris en 1828, s'est encore évadé des prisons d'Agen. Tels sont les deux hommes qu'Arriorde voulait s'adjoindre, si lui-même il n'eût été arrêté. L'argent n'aurait pas manqué. Il s'engageait à en procurer.

» On se demande aujourd'hui qui a pu procurer à Arriorde l'habit noir, la casquette et les lunettes dont il s'est servi pour sa nouvelle évasion. Comment ont-ils pu être introduits dans l'hôpital, malgré l'active surveillance qu'y fait exercer jour et nuit M. le commissaire de la marine? Où a-t-il trouvé de l'argent? Il n'avait que dix francs, et il lui a fallu probablement payer cet habit, cette casquette ainsi que sa place dans le courrier.

» Condamné à vingt ans de travaux forcés, deux fois évadé des bagnes, prévenu de deux assassinats, et oser cependant se présenter devant le commissaire des chiourmes? Se promener dans ces salles où sont enfermés de 12 à 1500 forçats, dont plusieurs ont été ses compagnons d'esclavage! Non content d'avoir recouvré sa liberté, venir encore briser les chaînes d'un prétendu beau-frère et recruter des complices jusque dans les fers! Quelle audace, en même temps quel sang-froid n'a-t-il pas fallu à Arriorde pour contempler d'un œil tranquille et indifférent, sans la moindre émotion qui pût le trahir, ces condamnés dont il aurait du partager le châtiment ! »

La *Gazette des Tribunaux* fournit une multitude d'exemples semblables.

Ne vous y trompez plus. Ceux que vous retiendrez dans les fers, ce sont les criminels vulgaires. Mais les grands coupables, mais les plus dangereux ne mettront que trop souvent toutes vos précautions en défaut.

Quelle peut être leur vie alors ?

Proscrits de la société, sans industrie possible, réduits à se cacher, de quoi pourront-ils subsister, si ce n'est du fruit de nouveaux crimes.

Soyez donc responsables de tout le sang qu'ils verseront, vous qui aurez écarté de leur tête la mort qui eût prévenu leurs forfaits !

Ici, il ne s'agit plus de métaphysique ni de probabilités. Ce sont des faits dans leur cruelle réalité. Chaque jour, les feuilles publiques nous remplissent d'horreur par l'épouvantable récit des atrocités commises par des forçats libérés ou évadés.

Vous vivriez encore, infortunés époux de la vallée de Montmorency, sans des monstres, vomis par le bagne, qui vous ont massacrés à la fleur de l'âge ! On avait conservé la vie à ceux qui devinrent vos meurtriers. C'est ce qui vous a valu la mort !

En présence de pareils souvenirs, et de tant d'autres dont on pourrait faire des volumes, comment peut-on invoquer la philantropie au secours de la scélératesse? N'est-ce pas une profanation ?

Vous parlez des terreurs qui assiègent les jurés au moment de rendre la déclaration qui voue au trépas une tête coupable ; croyez-vous que votre sommeil serait paisible et votre cœur sans angoisses à chaque récit qui vous apprendrait que votre funeste indulgence pour sauver le meurtrier a fait périr l'innocent ?

Vous dites que la loi n'a pas le droit de tuer ! Et n'est-ce pas la loi elle-même qui tue, lorsqu'elle laisse armé le bras de l'assassin ?

Revenez d'une déplorable erreur. C'est

celle de gens de bien, qui ne voient le monde qu'à travers le prisme de leur propre vertu. Voyez les choses comme elles sont, non telles que vous voudriez qu'elles fussent ; abjurez enfin cet enthousiasme irréfléchi qui vous porte à faire de la législation sentimentale, au péril de l'humanité.

Je n'en ai pas encore fini avec les dangers de l'abolition de la peine capitale.

Un fait incontestable, c'est que les lois criminelles ne sont nulle part mieux connues que dans les prisons.

Il faut voir les détenus, le Code pénal à la main, discuter les circonstances aggravantes ou atténuantes qui les approchent ou les éloignent de l'échafaud !

Cette graduation de peines, que les méchans connaissent si bien, quel en est le motif, quelle en est l'utilité ?

Si le législateur avait dit aux voleurs : « Que vous assassiniez, ou que vous n'assassiniez pas, vous perdrez également la vie, » ils auraient répondu : « Puisque nous ne pouvons échapper à la peine capitale, débarrassons-nous, en le tuant, du témoin, souvent unique, qui pourrait déposer contre nous ! »

En ce sens, il est vrai de dire que prodiguer le supplice est un mauvais moyen de prévenir les crimes.

Mais l'abolir entièrement, c'est tomber dans l'excès contraire ; c'est conduire, par un calcul inverse, au résultat qu'il faut éviter.

On n'aura pas plutôt appris aux malfaiteurs que la mort ne sera jamais à redouter pour eux, qu'ils se diront : « Puisque nous devons en être quittes pour une détention plus ou moins longue, tuons toujours, ce sera le moyen de détruire toutes preuves contre nous. Si, malgré cela, nous venons à être condamnés, la vie nous restera et, avec elle, l'espoir de rentrer dans la carrière des forfaits. »

Ainsi, loin de prévenir les crimes, vos théories ne feront que les multiplier.

CHAPITRE XVII.

De l'effet préventif de la Peine de mort.

On reconnaît que les punitions modérées sont redoutées et exemplaires.

Comment peut-on dès-lors refuser cette vertu à la peine la plus formidable de toutes, la peine de mort?

Cette opinion a de quoi surprendre, surtout de la part de gens qui regardent comme un frein pour le meurtrier impie et endurci, la peur des démons, la crainte du mépris * !

Puisque la vie est le plus grand des biens, l'effroi de la perdre doit être la plus grande des craintes.

Si la peine de mort n'était pas effectivement le plus terrible des châtimens, pourquoi tant

---

* M. Ch. Lucas, *du système pénal*, page 129. Voyez pareillement ci-dessus, pages 27 et suivantes.

de déclamations pour la faire abolir, sous prétexte de cruauté, de barbarie ?

On en démontre l'efficacité préventive par les efforts même qu'on fait pour en obtenir la suppression.

Cette idée qu'il faut renoncer à la vie, cet appareil lugubre qui environne l'exécution, cette tête sanglante tombant sous le fer de la loi, tout cela, quoiqu'on en dise, est fait pour glacer d'effroi le plus hardi scélérat. La crainte de l'échafaud, n'en doutez pas, a fait avorter plus d'une pensée criminelle.

Cette utile terreur, l'inspirerez-vous au même degré par des condamnations légères, prononcées dans une étroite enceinte et subies dans l'ombre ? car vous parlez aussi d'abolir l'exposition publique.

Si vous dépouillez ainsi la législation pénale de tout ce qui peut émouvoir, de tout ce qui est capable d'effrayer; si vous vous bornez au châtiment matériel du coupable, c'est alors que les punitions infligées prendront un caractère de vengeance, puisque vous leur aurez ôté l'efficacité de l'exemple.

« Mais, objecte-t-on, la douceur dans la

» pénalité rend seule efficaces les moyens de
» répression, et c'est une grave erreur que
» de croire que le supplice devienne préventif
» pour les crimes de même nature. N'a-t-on
» pas vu répandre de la fausse-monnaie au
» moment et sur le lieu même de l'exécu-
» tion d'un homme condamné pour ce genre
» de crime*? »

Eh! quoi, plus une peine sera effrayante, moins elle sera redoutée!

Un résultat si contraire aux lois de la logique et de la nature peut-il se comprendre? Ceux-là même qui le supposent en sont surpris. M. Bérenger, après avoir posé l'objection, et dit que plus la peine de mort est prodiguée, plus les crimes se reproduisent, ajoute : « Pourquoi? Il serait difficile de le
» dire. Le fait cependant n'est point contesté.
» Il se passe dans l'homme quelque chose
» d'indéfinissable que la physiologie sans
» doute pourrait expliquer, mais qui étonne
» le philosophe. »

C'est une grave présomption contre un argument, que l'impossibilité de s'en rendre raison.

---

* M. Bérenger, rapport à la Chambre des Députés.

Avec quelque réflexion, on découvre le vice de l'objection. Veut-on savoir pourquoi la menace de la mort, *telle qu'elle est écrite dans nos lois*, manque parfois de produire son effet? Écoutons Beccaria, il va nous l'apprendre. « La perspective, dit-il, d'un châti-» ment modéré, auquel on ne peut échapper, » fera toujours une impression plus vive que » la crainte vague d'un supplice terrible dont » l'espoir de l'impunité anéantit presque tou-» jours l'horreur. »

Telle était aussi la pensée de M. Lepelletier de Saint-Fargeau, lorsqu'il disait à l'Assemblée Constituante : « Une loi est d'autant » moins efficace qu'elle est plus inhumaine ; » car on ne l'invoque point, ou on ne l'ap-» plique point. »

Qu'on ne s'y méprenne donc pas ; ce n'est point le mépris de la peine qui lui ôte sa vertu préventive, c'est l'espoir de l'éviter.

Ainsi s'explique d'elle-même cette observation, que la douceur des peines contribue à leur efficacité ; non qu'il faille en conclure que les châtimens les plus forts soient les moins terribles, mais que l'excès de rigueur, produisant l'impunité, engendre le doute sur l'exécution de la loi, fait naître l'espoir de s'y soustraire.

Détruisez ce doute et cet espoir, et vous rendrez aux punitions tout l'effet moral qu'on doit en attendre. La plus sévère alors sera aussi la plus redoutée.

Faut-il répondre maintenant à ces paroles ironiques d'un orateur, sérieusement reproduites par M. Ch. Lucas? « Par cette heu-» reuse découverte, que les hommes peuvent » être détournés du crime par la menace » d'une peine sévère, tous les crimes seront » bientôt exterminés, disait Samuel Ro-» milly à la Chambre des Communes. Des me-« naces terribles, sans aucune peine effective, » produiront tous les effets que le législateur » peut croire nécessaires au bien-être de la » société*. »

Peut-on se jouer ainsi du raisonnement? A coup sûr, si les menaces de la loi devaient être privées d'effet, semblables à ces canons de bois qu'on voit sur les navires marchands,

* M. Ch. Lucas, *de la répression en général*, page 184.

elles n'intimideraient et n'arrêteraient personne.

L'efficacité des châtimens réside toute entière dans l'opinion que se feront les méchans sur la probabilité plus ou moins grande de leur infliction.

Or, dans le système que j'ai indiqué aux chapitres précédens, les coupables ne seront plus placés entre l'impunité et la mort. Ils ne pourront plus compter sur les scrupules et l'indulgence des jurés. Ils sauront qu'ils ne peuvent échapper à ces peines modérées, dont tout le monde reconnaît la puissance préventive.

Si la mort leur apparaît dans le lointain, ce ne sera plus comme leur offrant des chances de salut, mais comme une effrayante aggravation du châtiment qu'ils ne peuvent éviter.

Ainsi, certitude d'une peine modérée, possibilité d'une peine terrible, n'est-ce pas la combinaison de tout ce qui peut épouvanter et retenir les méchans ?

On obtiendra, de cette manière, la législation tout-à-la-fois la plus douce et la plus préventive.

On conçoit maintenant pourquoi j'ai combattu le système du projet de loi, qui fait dépendre l'infliction du supplice de la déclaration des jurés sur les circonstances atténuantes, et qui, par là, rend ces derniers juges exclusifs de la peine de mort.

Je ne dirai pas moi-même quelle serait en ce cas la tendance des jurés. J'aime mieux laisser parler un adversaire de la peine de mort. Son témoignage en aura plus de poids.

« Une véritable tendance de la part du » jury à décliner sa juridiction dans les cau- » ses capitales, et à n'accepter à cet égard » aucune responsabilité, dit M. Ch. Lucas, » est devenue si remarquable et si remarquée, » que les journaux lui ont donné de la pu- » blicité comme à un fait social qu'ils ont » différemment combattu et interprété. A » Paris, en effet, dans toutes les causes les » plus célèbres et les plus récentes, on a » pu voir le jury combiner le partage des » voix, de manière à laisser à-la-fois à la cour » à prononcer la culpabilité et la peine. » Et ce qui arrive à Paris se passe en pro- » vince, et j'en ai souvent recueilli l'aveu de » la bouche des jurés eux-mêmes, parce

» qu'en effet, il n'est guère de listes de jurés
» qui ne présentent aujourd'hui des hommes
» éprouvant une consciencieuse et presqu'in-
» vincible répugnance à envoyer un de leurs
» semblables à l'échafaud.*»

Cette propension des jurés à refuser leur concours au supplice est donc un fait positif et *notoire*.

Or, ce qui est connu de tout le monde, les méchans seront-ils les seuls à l'ignorer, eux si habiles à prévoir et à calculer toutes les chances d'impunité ?

Que les jurés soient juges exclusifs du supplice, et il ne sera pour les malfaiteurs qu'une vaine menace, car ils sauront que son infliction est confiée à des hommes connus par la répugnance qu'elle leur inspire**. Ainsi la

---

* M. Ch. Lucas, *de la répression en général*, page 197.

** Rien n'échappe à leur pénétration. Ils parviennent à savoir quel est le caractère de chacun des jurés, son plus ou moins de sévérité. Ils se font passer le mot d'ordre, et il est tel juré qui, bien que personnellement inconnu des accusés, est sûr d'être toujours récusé. C'est un fait que j'ai remarqué pendant que je remplissais les fonctions de juré.

loi irait contre son but; elle détruirait par avance son effet moral.

Ce n'est pas pour se donner le plaisir de frapper un ennemi désarmé que la loi prend le glaive, mais pour prévenir le châtiment de plusieurs autres, et surtout pour préserver les honnêtes gens des coups auxquels les exposerait l'exemple de l'impunité.

C'est donc un plus grand nombre de vies mis dans la balance avec une seule. C'est l'intérêt de tous contre celui d'un individu.

Le grand malheur, après tout, que d'enlever aux malfaiteurs la chance qui peut les affranchir du châtiment qu'ils méritent ! Un être, déjà reconnu coupable par le jury des plus noirs forfaits, est-il donc si intéressant qu'on doive renoncer, en sa faveur, aux garanties d'ordre et de salut public ?

Tout ce que l'accusé peut réclamer c'est respect aux formes protectrices, liberté dans la défense, impartialité dans le jugement; et qui osera dire qu'il ne trouvera pas tout cela dans les magistrats ?

Puisque la peine de mort est reconnue nécessaire, en certains cas, écartons tout ce qui peut atténuer son effet préventif. C'est précisément parce que, dans l'opinion commune, les jurés sont moins redoutés que les magistrats, que je préfère ces derniers pour juges *.

En dernière analyse, si la mort est le plus terrible des châtimens, il faut bien reconnaître qu'elle en est aussi le plus efficace.

Pour échapper à cette inévitable conséquence, il n'est qu'un moyen, c'est d'en nier le principe, et c'est ce qu'on a fait avec une rare intrépidité.

La mort, dit-on, ne saurait être regardée comme un frein pour le méchant. Elle n'ins-

---

* Au surplus, les magistrats ne paraissent sévères que par le rapprochement qu'on fait de leur justice avec l'excès d'indulgence des jurés. Ils ne sont pas faibles, voilà tout. Mais gardez-vous de les croire dépourvus d'humanité. M. Ch. Lucas, que j'aime à citer à l'appui de mes propositions, dit qu'ils ont de la répugnance aussi à infliger le supplice. Il rapporte en preuve l'exemple de plusieurs présidens qui n'ont pu retenir leurs larmes à la prononciation de condamnations capitales. Il annonce de plus avoir recueilli, à cet égard, nombre de faits dont il fait espérer la publication.

pire que le mépris. Voyez les duellistes, le soldat, le navigateur.

Les duellistes !

Vous ajoutez foi à leur bravoure ; non pas moi. Ils se reposent sur leur adresse et la confiance qu'elle leur inspire de tuer sans être tué. En voulez-vous une preuve? Vous n'avez qu'à offrir au plus hardi spadassin de faire décider par le sort lequel des deux brûlera la cervelle de l'autre à bout portant, ou bien de choisir au hasard entre deux coupes, dont l'une sera empoisonnée, et vous verrez bientôt s'évanouir ces superbes courages !

Le soldat ! Le bruit des tambours, le son des trompettes, le retentissement du canon, l'odeur de la poudre, l'enthousiasme si communicatif parmi les masses produisent chez lui cette fièvre momentanée qui exalte l'homme et qu'on nomme valeur.

Etait-ce indifférence pour la vie ? Non, car celui qui fut un héros sur les champs de bataille, rentré dans ses foyers, appellera un médecin à la moindre égratignure, au rhume le plus léger !

Ce soldat, habitué à braver la mort dans les combats, quel frein le retient sous une rigoureuse discipline ? Demandez-le aux chefs militaires ; n'est-ce pas la crainte du supplice ? C'est que ce sont choses bien différentes que affronter la mort comme danger, ou s'y exposer comme peine !

Quand le navigateur se confie à la mer, pensez-vous que ce soit parce qu'il lui est égal d'y laisser la vie ? Il monte sur son vaisseau avec l'espérance d'arriver en bon port. Que son attente soit trompée, et vous jugerez de ses sentimens naturels, par ses cris de détresse et son désespoir à l'aspect du naufrage.

On retourne l'objection sous toutes les formes, et on dit : « Voulez-vous vous assurer » que l'image de la mort ne se mêle jamais » aux motifs qui déterminent nos actions or- » dinaires ? Voyez si ceux qui se livrent à des » excès sont retenus par la crainte de la mort » qui les suit. La raison leur dit bien néan- » moins qu'ils raccourcissent la carrière de » leur vie, mais la mort est un frein impuis- » sant pour eux *. »

---

* Duport, discours prononcé à l'Assemblée Constituante.

Pure pétition de principe! L'idée de trouver la mort dans ces excès ne se présente pas lorsqu'on s'y abandonne. Voulez-vous vous en convaincre, dirai-je à mon tour? Vous n'avez qu'à fournir au libertin le plus déterminé la preuve certaine que l'objet de sa convoitise ne lui offrira qu'un contact empoisonné, et ses désirs s'éteindront à l'instant même.

Si l'éternel nous promettait honneurs, richesses, voluptés, à condition de quitter la vie à jour fixe, quelque éloigné que fût le terme, le marché serait-il accepté de personne?

Proposez à ce misérable, couché sur la paille, accablé d'ans et de misère, perclus de tous ses membres, privé de secours, souffrant du froid, de la faim, de la maladie, proposez-lui de le délivrer d'une existence si affreuse, et il vous répondra, comme le moraliste : « Laissez-moi la vie, sa perte est le » plus grand des maux. *Vita dùm superest* » *benè est.* »

En dépit de tous les raisonnemens, le fait est là. Non, quoiqu'on en dise, il n'est pas de sentiment plus profondément enraciné dans le cœur humain, que l'amour de la vie, la crainte de la mort.

Ce qu'on prend pour mépris de la vie, c'est au contraire l'espoir de ne pas la perdre.

D'où vient que les flammes éternelles de l'enfer épouvantent si peu de monde ? C'est que l'incrédulité est au fond du cœur.

Faites que les méchans croient à la menace du supplice, et vous pourrez compter sur l'efficacité de celle-ci.

L'attachement à l'existence peut parfois être éclipsé par le soulèvement des passions. Mais ce n'est là qu'un cas exceptionnel, qui ne saurait faire règle.

Le guerrier, par exemple, au moment du combat, n'aperçoit pas la mort. Il ne voit qu'une brillante auréole de gloire. Il n'a des yeux que pour la perspective d'honneurs que lui promet la victoire.

En est-il de même pour le bandit de profession ?

Ce n'est point l'enthousiasme qui le précipite au crime. Il le regarde en face. Il le commet de sang-froid. Il en apprécie d'avance les résultats et les chances. S'il se laisse prendre, il est écrit qu'il périra. Il peut calculer le jour et l'heure de son supplice. L'imagination, qui grossit tout, lui montre, à époque déterminée, la mort avec toute son horreur, le lugubre échafaud, la hache fatale, la main du bourreau !

Voilà ce qui doit rendre et ce qui rend effectivement le supplice si redoutable aux brigands.

Toutes les subtilités du sophisme ne prévaudront jamais contre cette vérité de fait. Les efforts même qu'on fait pour la nier ne servent qu'à la mieux établir. J'en atteste ces paroles de M. Ch. Lucas :

« Cet esprit de calcul, dit-il, loin d'être
» général à tous les coupables, est tout-à-fait
» exclusif à ces filous et voleurs de profession
» qui remplissent les bancs de la police cor-
» rectionnelle. Le vol, en effet, est un métier
» pour eux, métier dans l'exercice duquel
» ils font entrer les bonnes et mauvaises chan-
» ces, et qu'ils soumettent à *tous les calculs,*
» *à toutes les prévisions possibles*. Mais à l'é-
» gard de ces crimes qui ne s'adressent plus
» aux propriétés, m aisaux personnes, et qui
» ne sont plus imputables aux froids calculs
» de l'intérêt, mais aux violens emportemens
» de la passion, l'homme, avant de frapper
» sa victime, ne se fait ni jurisconsulte ni ari-

» thméticien. *L'intérêt, la cupidité raisonnent;*
» mais la passion ne raisonne pas *. »

Or, cette distinction est précisément celle que j'ai déjà faite. On m'a vu demander que la peine de mort ne fut que facultative, à raison des crimes qui prennent leur source dans quelque passion accidentelle.

Il est donc bien avéré que l'intérêt, la cupidité raisonnent, qu'elles font entrer dans leurs calculs toutes les prévisions possibles.

Et n'est-ce pas l'intérêt, la cupidité qui enfantent les plus grands crimes? Ne sont-ce pas ces mobiles qui ensanglantent le bras des voleurs de grand chemin, qui inspirent le désir de se défaire, par l'empoisonnement, de celui dont l'existence, trop prolongée, met obstacle à la jouissance d'une opulente succession?

Au dire de M. Ch. Lucas lui-même, dans ces cas et autres semblables, le calcul accom-

---

* M. Ch. Lucas, note sur le discours de M. Chardel, dans le recueil intitulé : *Des débats des Assemblées Législatives de la France, sur la question de la peine de mort*, page 175.

pagnera la préméditation du crime, la crainte aura son inévitable empire, et le supplice exercera son influence préventive. N'est-ce pas là ce que je voulais prouver?

On insiste pourtant, et on dit : la privation de la liberté sera plus capable d'effrayer le crime que la peine de mort elle-même.

Il est possible, répondrai-je, qu'il en soit ainsi quelquefois. Mais cela arrivera-t-il toujours?

S'il fallait faire assaut de citations, je pourrais rapporter une foule de traits qui prouvent le contraire.

Je me bornerai à rappeler un exemple que je trouve dans la *Gazette des Tribunaux*. L'arrêtiste parle d'un brigand qui, pendant la délibération de la cour, avait donné des preuves d'une terreur profonde. On l'a vu montrer autant de joie, en apprenant qu'il était condamné à une peine qui ne doit point avoir de fin, que s'il avait obtenu son relaxe. On l'a entendu dire, en souriant, à son dé-défenseur : *vous m'avez sauvé la tête, je vous en remercie ; je me charge de sauver le reste* *.

---

* *Gazette des Tribunaux* du 13 décembre 1829.

Je ne multiplierai pas les exemples, parce qu'il n'entre point dans mon plan de prouver que la mort sera *toujours* la peine la plus redoutée.

Je m'élèverai au contraire contre cette manie de généraliser les cas particuliers et de dire : dans une situation donnée, voilà le sentiment qui sera toujours éprouvé. Comme si tous les hommes avaient une organisation semblable, comme si chacun sentait et pensait de même.

Il est peu rationnel de prétendre assujétir à des règles fixes ce qu'il y a au monde de plus mobile, de plus incertain, de plus capricieux, de plus indéfinissable, savoir : le cœur humain. C'est un Protée qui échappe à toutes prévisions, à tous calculs.

Le même fait fera naître mille sensations diverses.

Celui-ci a peur de l'enfer. Celui-là s'en rit, mais redoute le mépris de ses concitoyens. L'un tremble devant la perte de la liberté ; l'autre ne craint que la privation de la vie.

En posant ainsi la question, je n'ai pas besoin de répondre aux exemples qu'on cite de coupables qui auraient marché au supplice avec courage.

Je ne puis pourtant m'empêcher de faire remarquer, à ce sujet, que les condamnés se font une sorte de point d'honneur du mépris de la mort. C'est l'observation de M. Ch. Lucas lui-même. Mais ce mépris d'un destin qu'on n'est plus maître d'éviter, n'est-il pas plus apparent que réel? Tel qui, par bravade, paraît se faire un jeu de la mort, la redoute intérieurement pardessus tout. Sa force d'âme lui permet de cacher ses sentimens naturels ; voilà tout. Aussi, n'aurais-je qu'à ouvrir la *Gazette des Tribunaux* pour montrer des milliers de cas où le coupable a été attéré par la prononciation de son arrêt, et conduit inanimé au supplice.

En dernière analyse, admettons le fait que la peine la plus redoutée sera tantôt l'emprisonnement, tantôt le supplice.

Cela posé, si l'on veut avoir un système pénal véritablement préventif, on ne peut le trouver que dans celui que j'ai exposé et qui admet simultanément la détention et la mort.

Sous ce point de vue, l'opinion, qui tend

à supprimer indistinctement le supplice, est tout aussi vicieuse que celle qui l'exige exclusivement pour certains crimes.

Supposez, en effet, cette peine abolie.

Les scélérats, pour qui la prison n'est rien, commettront toute sorte de crimes, faute d'une pénalité qui soit en rapport avec leurs idées.

Mais, lorsque les méchans sauront qu'il y va à coup sûr pour eux de la privation de la liberté, peut-être de celle de la vie, ces deux peines agiront cumulativement par la crainte que chacune d'elles inspire en particulier.

Quelle que soit l'opinion que les malfaiteurs pourront s'être formée de l'une ou de l'autre, ils seront assurés de ne pouvoir échapper à l'une des deux. L'incertitude même où ils seront, sur le choix que pourront faire les magistrats, les fera trembler d'être frappés de celle qu'ils redoutent le plus.

La loi aura atteint par là son effet préventif au plus haut degré possible.

Je ne dis point que la législation, ainsi réformée, fera entièrement disparaître le crime de ce monde. Je ne crois pas à la panacée universelle. Je ne prétends point que l'âge d'or aille, à ma voix, redescendre sur la terre. J'ai du dégoût pour ces systèmes ambitieux qui aspirent à une perfection que n'admet point la nature humaine.

Mais, de ce que la crainte du supplice n'opérerait pas toujours son salutaire effet, est-ce une preuve qu'elle ne le produise jamais? C'est ce qu'il faudrait démontrer pour être en droit de conclure à son abolition absolue.

C'est comme si l'on disait : la médecine ne guérit pas tous les malades, à quoi bon dès-lors la médecine?

Supposez dix scélérats ayant conçu des desseins criminels.

J'admets, si vous le voulez, que cinq d'entre eux persisteront dans leurs affreux projets; soit.

Mais les cinq autres? Tous ne sont pas également féroces et endurcis. Qui osera dire que la terreur n'exercera pas sur eux son empire?

Ces innocens qui auraient péri sans la crainte inspirée par le supplice, c'est leur sang que vous mettez en balance avec le sang impur d'infâmes scélérats! Est-ce de la justice? Est-ce là de la philantropie?

M. Ch. Lucas aura beau dire que c'est là un sophisme. A lui permis d'évoquer et Callisthène et Iphigénie, et de s'écrier que l'inhumanité consiste bien moins dans le nombre des victimes que dans l'iniquité du sacrifice * !

Des déclamations ne sont pas des raisons;

---

* M. Ch. Lucas, à la page 105 de *son système pénal*, s'exprime en effet en ces termes:

« Enfin le *sophisme* revêt une philantropie mathéma-» tique. *Ces nécessités*, dit-on, *sont terribles, mais quand* » *elles sont constatées, on ne saurait leur résister; c'est là* » *un calcul de la plus simple humanité, puisque c'est sa-* » *crifier le moins de vies possibles.*

» On interprète bien mal ce sentiment qu'on invoque. » L'inhumanité consiste bien moins dans le nombre des » victimes que dans l'iniquité du sacrifice. Il y avait » plus d'inhumanité dans le seul sacrifice de cette in-» nocente Iphigénie, immolée par son père à l'orgueil » de son rang et au succès de ses armes que dans tous » les sacrifices d'homme que coûtèrent à la Grèce les » dix années du siége de Troie.... Que reproche-t-» on à Alexandre, que se reproche-t-il lui-même ? » C'est le meurtre de Callisthène *!* »

N'est-ce pas là éluder la question au lieu d'y répondre? Qu'a de commun l'innocence d'Iphigénie et celle de Callisthène avec les scélérats avérés dont le supplice devient la sauve-garde des honnêtes gens ?

et vous ne persuaderez à personne qu'entre un brigand et sa victime l'iniquité du sacrifice soit dans la punition du meurtrier, et qu'il y ait de l'inhumanité à préserver la vie d'un honnête homme aux dépens de celle d'un scélérat !

Pour quiconque examinera froidement la question qui nous occupe, il restera démontré que souvent, très-souvent, la peine de mort sera préventive, surtout si on la combine avec d'autres peines, de manière à ce qu'elles se prêtent un mutuel appui.

Il est dans la nature des dispositions pénales d'agir d'une manière invisible. Leur effet n'en existe pas moins. L'exécution du crime met au grand jour l'infracteur de la loi. Mais celui que la menace a retenu demeure ignoré. Croit-on que tous ceux qui auront résisté à la tentation, de peur du supplice, le porteront écrit sur leur front, ou bien qu'ils viendront sur la place publique faire amende honorable et confesser hautement les desseins criminels qu'ils auront abjurés ?

Abolissez la peine de mort, et vous verrez éclore des milliers de forfaits qu'elle aurait étouffés dans le silence.

Ô vous, qui, séduits par des pensées généreuses mais irréfléchies, rêvez la destruction de la barrière la plus forte qu'on puisse opposer aux méchans, oubliez-vous en quels temps vous formez vos vœux imprudens? Jetez les yeux sur le luxe, la corruption et l'oisiveté qui nous environnent. Ils créent les besoins qui poussent aux forfaits. Le crime veille à nos portes. Il n'attend que l'abolition que vous provoquez, pour s'élancer sur sa proie. Tandis que vous proposez votre loi fatale, que ne pouvez-vous assister à l'un de ces conciliabules qui se tiennent dans les repaires de malfaiteurs. Vous frémiriez d'entendre les horribles actions de grâce qu'on vous y adresse. Ecoutez-les se dire : « Honneur à l'ami, au » protecteur qui veut arracher à la loi le » glaive qui nous a si souvent retenus? Il a » bien mérité de nous. Il est des nôtres... Plus » de craintes désormais. La prison! On en » sort. Courage. Tuons, massacrons, et » loué soit celui qui nous garantit la vie, et » avec elle l'espoir de recommencer nos forfaits! »

Dupes des illusions de votre cœur, vous

croyiez défendre les droits de l'humanité. Imprudens, vous n'avez fait que soutenir la cause du crime !

CHAPITRE XVIII.

Des Exécutions.

On dit que l'appareil des supplices rend les mœurs féroces, et que, d'un autre côté, il excite la pitié en faveur du condamné.

Sans rechercher ce qu'il peut y avoir de réel dans cette supposition (et il y aurait beaucoup à dire à ce sujet), examinons s'il n'y aurait aucun moyen de prévenir la possibilité de pareils résultats?

Il me semble qu'il suffirait pour cela de ne point admettre le public au spectacle de l'effusion du sang.

Sous le rapport des principes, je n'y vois aucun inconvénient. Ce n'est point à titre de garantie pour le condamné, que les exécutions se font publiquement. L'intérêt seul de la société a, jusqu'à ce jour, dressé l'échafaud sur les places publiques. Pourquoi ne pas l'en retirer, s'il était démontré que l'utilité sociale le demande?

Les mœurs y gagneraient peut-être, et l'efficacité de l'exemple n'y perdrait pas.

Je voudrais donc, pour les exécutions, un édifice sans fenêtres, ne recevant la lumière que d'en haut, comme pour mieux marquer que celui qui y entre est à jamais séparé du monde, et ne doit plus communiquer qu'avec le ciel; je le voudrais placé sur une hauteur, de manière à n'être vu que d'une certaine distance.

En regardant de près les convulsions d'un être agonisant, le peuple, dominé par l'impression du moment, oublie quelquefois le coupable de la veille, et n'aperçoit que la victime du jour.

Que le condamné aille vers sa peine entièrement voilé. Qu'on ne distingue plus rien de l'homme; qu'on ne voie marcher que le criminel. Et lorsque le bourreau sortira de l'enceinte fatale pour prononcer à haute voix ces formidables paroles : *l'assassin a vécu*, la sensation qui se communiquera à tous n'aura plus rien de cette horreur, de cette aversion, que produit la vue du sang qui coule, mais sera un sentiment de terreur salutaire et ineffaçable.

Qu'au jour marqué pour le supplice, le tambour, recouvert du crêpe funèbre, promène un bruit monotone et sourd. Que les cloches ébranlées fassent retentir au loin le glas de la mort. Semblables au cor d'Astolphe, auquel nul courage ne résistait, leurs sons pénétrans iront porter l'effroi dans l'âme des scélérats. Eux, qui couraient devant l'échafaud, vous les verrez fuir ce tintement lugubre, messager de mort, sinistre signal; il les poursuivra, il s'insinuera jusque dans la moëlle des os, comme un affreux pressentiment de leur propre sort.

Frappez les esprits; c'est là le côté faible de l'homme. On brave parfois le danger que les yeux peuvent mesurer. La nature s'effraie et succombe devant les périls qu'elle n'entrevoit qu'à travers le prisme de l'imagination. N'est-ce pas ce sentiment qui fait quelquefois défaillir le cœur à ceux qui subissent les épreuves, souvent ridicules, toujours inoffensives de la franc-maçonnerie ?

Le spectacle de l'échafaud est passager. Le

temple consacré à l'expiation des crimes sera durable et permanent. Qu'il soit entouré de cyprès funéraires qui en rappèlent incessamment la destination. Monument d'autant plus terrible, qu'il sera mystérieux et impénétrable; le bandit ne passera jamais à côté sans éprouver un irrésistible frissonnement.

CHAPITRE XIX.

Du système pénitentiaire, considéré comme moyen exclusif de répression, et spécialement de la réclusion.

La justice pénale, lorsqu'elle sévit, a en vue l'acte plutôt que l'agent, parce qu'elle ne frappe point par vengeance, mais pour prévenir le retour des actes punissables.

Le système pénitentiaire repose sur une donnée diamétralement opposée.

« La justice répressive, dit M. Ch. Lucas, » doit partir des *agens* et non des *actes*. Les » garanties qu'elle doit à la société contre le » retour des désordres de la liberté qui a déjà » failli, ne doivent reposer ni sur une date » absolue de détention, ni sur une présomp- » tion vague du législateur. C'est à la liberté » elle-même a fixer la date de son amende- » ment et à en fournir la preuve. Si la liberté

» n'est pas corrigée au bout de l'an de sa con-
» damnation à la réclusion, il n'y a pas plus
» de raison de l'émanciper au dernier jour de
» cette année qu'au premier; mais il y a au
» contraire même motif de le retenir *. »

Ainsi le système pénitentiaire ne voit dans la répression que ses effets sur l'individu. C'est le retour des désordres de celui-ci qu'il veut prévenir, plutôt que ceux de ses imitateurs. L'amendement du condamné, voilà son but essentiel. Ne comprenant les châtimens que comme moyen de correction, les partisans de ce système s'écrient « qu'il faut chercher
» d'autres leçons morales que celles dont la
» guillotine est la chaire, et dont le profes-
» seur est le bourreau **. »

Concentrant tout leur intérêt sur le scélérat convaincu, ils demandent qu'on brise les fers qu'il traîne au bagne, afin de ne pas l'avilir à

---

* M. Ch. Lucas, *des garanties répressives*, page 284.

** M. Ch. Lucas, note sur le discours de M. Chardel, à l'ouvrage intitulé : *Recueil des débats des Assemblées Législatives de France, sur la question de la peine de mort*, page 174.

ses propres yeux, et de ne pas mettre obstacle à sa régénération.

On conçoit tous les vices d'un pareil système. Il se montre, tour-à-tour, faux dans son principe, en ce qu'il s'applique indistinctement à tous les coupables, même à ceux dont l'expérience nous a démontré l'incorrigibilité ; insuffisant, comme garantie sociale, en ce que, rapportant tout à l'individu, il ne tient pas compte de l'effet préventif des peines sur les méchans en général ; enfin dangereux dans ses résultats, en ce qu'il tend à relâcher les entraves de brigands audacieux et déjà si adroits à s'évader malgré leurs fers et la discipline la plus sévère.

Une conception si hardie, si contraire aux principes reçus, ne saurait être adoptée à la légère et sans le plus minutieux examen.

Ce système *a besoin d'être étudié*, a dit avec raison M. Bérenger.

Telle a été aussi la pensée du Gouvernement, lorsqu'il a pris le parti d'envoyer aux Etats-Unis deux savans magistrats, avec la mission la plus honorable qu'on puisse confier à un homme, celle d'explorer sur les lieux les effets de cette partie de la législation américaine.

Mais quel que soit le résultat de l'enquête qui se fait actuellement à ce sujet, il est des idées générales, des rapports connus qui influeront nécessairement sur la mise en pratique, chez nous, du système américain.

Ici nous pouvons nous appuyer sur des documens certains. Je les puiserai dans les faits même établis par les propagateurs du système pénitentiaire. Ecoutons M. Ch. Lucas :

« On peut, dit-il, ouvrir l'histoire des temps » présens ou des temps passés, et, selon que, » dans un pays, la civilisation sera plus ou » moins avancée, la misère plus ou moins » grande, l'administration plus ou moins » mauvaise, on peut, sans consulter les gref- » fes des cours criminelles, dire : il se com- » met plus ou moins de crimes dans un pays » que dans tel autre.

» Il me suffirait de lire, dans M. de Mont- » véran, que la France ne présentait en 1812 » que trente mille individus mendians sur » quarante-trois millions d'habitans, tandis » qu'en Angleterre, même année, le quart » de la population, ou quatre millions deux

» cent cinquante mille pauvres se trouvaient » à la charge des paroisses, pour affirmer que » le tableau statistique de la criminalité, en- » tre ces deux pays, devait présenter, pour » cette année, la même et énorme différence » que le tableau statistique de la mendicité.

» Il me suffit de lire qu'il est rare de ren- » contrer un pauvre aux Etats-Unis, pour » dire qu'il est rare d'y rencontrer un » crime *. »

Je pose maintenant les faits suivans :

La population des Etats-Unis est de beaucoup inférieure à la nôtre ;

Cette population produit rarement un crime ;

Et le petit nombre de coupables est disséminé sur un immense territoire.

N'est-ce pas dire que le nombre des détenus dans les établissemens pénitentiaires d'Amérique doit être infiniment moindre que celui qui peuple nos prisons ?

Il en est de même à Genève, où, d'après l'attestation de M. Ch. Lucas, pendant douze

---

* M. Ch. Lucas, *de la répression en général*, pag. 116.

années, un seul assassinat, et commis encore par un étranger, a affligé cette heureuse et paisible contrée *.

Or, s'il est facile d'opérer quand on travaille en petit, l'est-il autant lorsqu'il faut agir sur des masses ?

La population qui encombre nos bagnes serait celle d'une ville de Suisse ou des Etats-Unis.

Cet ordre qu'on peut maintenir parmi quelques individus, l'obtiendrait-on si aisément quand on aurait à le faire régner sur plusieurs milliers de personnes ?

Mais c'est surtout le caractère des criminels qui deviendrait chez nous un obstacle insurmontable.

A Genève et aux Etats-Unis, l'amendement des coupables est un espoir raisonnable. En veut-on savoir la raison ? M. Ch. Lucas va nous la donner :

« Outre l'influence, dit-il, de l'agriculture » sur les mœurs, les populations agricoles

---

* M. Ch. Lucas, *introduction du système pénal*, page 68.

» ont cet avantage, que ce qu'il y a de peu
» variable dans leur revenu contribue à leur
» donner des habitudes régulières...... Chez
» une pareille population d'hommes qui ne
» sentent ni l'aiguillon du besoin, ni l'attrait
» du superflu, l'absence de tout ce qui al-
» lume les passions est bien propre à rendre
» le crime plus rare. L'influence seule de cette
» vie frugale et sobre, de ce régime *diété-*
» *tique*, comme disent les Américains, est si
» puissante sur notre moral, que c'est là le
» premier moyen auquel on doit si sou-
» vent, en Amérique, l'amendement des cou-
» pables *. »

Aussi n'entend-on point parler aux États-Unis d'associations de malfaiteurs. Les crimes y sont presque toujours des actes individuels, déterminés par quelqu'une de ces passions naturelles qui admettent le repentir.

Mais, dans la vieille Europe, où le superflu est un besoin plus pressant que le nécessaire, où pullule une foule d'oisifs n'ayant ni

* Extrait des pages 34 et 35 de l'*introduction du système pénal.*

feu ni lieu, et auxquels le spectacle des jouissances d'autrui rend leur misère plus poignante; là, le crime doit être et est effectivement le fruit du calcul et d'une démoralisation complète. Les méchans y forment une population compacte et distincte. Ils vivent en bandes organisées. Ils apportent, pour leur mise en commun, leurs vices réciproques, et, par une sorte d'enseignement mutuel, ils se perfectionnent et s'endurcissent aux forfaits.

Lisez les feuilles consacrées à la jurisprudence criminelle; il n'en est presque aucune qui ne raconte les plus épouvantables catastrophes. Blasés par la fréquence de pareils récits, nous les parcourons d'un cœur froid, et comme objets de pure curiosité. Il nous faut quelque chose de plus que l'horrible pour émouvoir notre sensibilité émoussée par l'habitude.

Cette multitude de scélérats endurcis, qu'en fera-t-on? On propose l'emprisonnement solitaire! Je passe par dessus les difficultés d'exécution. Je ne dirai pas que, pour donner à chacun d'eux un logement particulier, il serait nécessaire de fonder des villes et d'entretenir sur pied des armées de gardiens.

Voyons la chose en elle-même et les résultats qu'il est permis d'en espérer.

» Dans quel lieu placera-t-on les cellules, » dit M. Pariset? Non pas dans un cachot, » parce que le froid et l'humidité rendent » malades, que le mal physique indispose le » prisonnier contre ses chefs, contre la loi, » contre tous, et le *distrait de la douleur* » *morale*. Or, c'est une douleur morale qu'il » faut considérer ici comme le seul instru- » ment d'amélioration. Je mettrais cette cham- » bre, ou ces chambres, plutôt à l'étage su- » périeur de la maison, tout-à-fait au com- » ble. *La vue d'un grand horizon* réveille des » idées propres à faire sentir quel est le prix » de la liberté.

On voit, ajoute ici M. Ch. Lucas, que mon » plan remplit l'idée juste de M. Pariset, en » la modifiant un peu. Le jour, en effet, dans » ces cellules, descend d'en haut. Un vitrage » entouré d'une forte grille de fer, laissera voir » un ciel *tantôt pur* et *tantôt nébuleux*, mais » ne permettra d'apercevoir aucune trace » de ce monde. L'emprisonnement solitaire

» sera d'abord si absolu, que le coupable
» n'apercevra pas même l'ombre d'un de ses
» semblables. En effet, de la terrasse italienne,
» on lui descendra dans un panier sa nourri-
» ture, préparée conformément à un régime
» diététique, dont l'heureuse influence a été
» constatée aux États-Unis *. »

Tout cela est séduisant en théorie. Mais est-ce bien sérieusement qu'on s'imagine que le bandit, touché des soins qu'on prend pour rendre sa captivité plus dure, dans l'espoir de sa conversion, va s'empresser de dépouiller le vieil homme pour satisfaire aux désirs de ceux qui le tourmentent?

Ne sait-on pas jusqu'à quel point la situation d'esprit où l'homme se trouve modifie les sensations produites par les objets qui l'environnent? Semblable à un miroir, elle réfléchit à l'entour les teintes diverses de l'imagination.

Aux yeux de l'infortuné, tout prend l'empreinte du deuil et de la tristesse. Les lieux les plus sombres sont embellis par le contentement de celui qui les visite.

---

* M. Ch. Lucas, *des Garanties répressives*, pag. 322.

Donnez à Jean-Jacques ce ciel *tantôt pur, tantôt nébuleux*, et de ses méditations naîtront en foule des pensées morales et philosophiques.

De la part d'un brigand condamné à ne voir qu'à travers des grilles de fer ce *grand horizon* qui couvre une terre interdite à ses pieds, n'attendez que des imprécations de fureur contre la tyrannie qui le prive de sa liberté, n'attendez qu'un redoublement de haine et de rage.

Vous comptez sur les effets de la *douleur morale* que vous lui causerez! La douleur, en ce cas, aigrit, irrite, exaspère et ne corrige pas.

La solitude est peu propre à changer les idées qu'on y apporte. Bien loin de là, elle les consolide et les enracine.

La vie contemplative des anciens cénobites, au lieu de leur faire regretter le monde, les en détachait encore plus.

Livré au recueillement solitaire, l'homme juste élèvera son âme vers le ciel. Il puisera dans ses douces rêveries de nouveaux motifs d'aimer et de pratiquer la vertu.

L'isolement absolu et le défaut de distraction laisseront le brigand tout entier à ses noires pensées. Il s'en nourrira sans relâche.

Elles s'infiltreront dans tout son être, s'y incorporeront, et en deviendront aussi inséparables que la chair l'est du corps.

Savez-vous quel sera le but où viendront se concentrer ses réflexions solitaires ? Ce n'est pas le crime qu'il se reprochera, mais de s'être laissé saisir. Il ne se dira pas : « je ne » le ferai plus ;» mais bien : une autre fois je m'y prendrai mieux. J'ai épargné le témoin qui m'a fait condamner ; je tuerai dorénavant. Il étudiera les moyens de ne pas être surpris à l'avenir. Il trouvera, à ce sujet, mille idées ingénieuses ; il les caressera. Il raffinera le métier ; il en deviendra plus méchant et plus dangereux. Ne vous flattez pas qu'il en soit autrement, car tel est le cœur humain. Le sentiment de son impuissance actuelle enflammera, en lui, la soif de la vengeance. Malheur à la société, s'il parvient jamais à s'évader ! Et rappelez-vous ici quels furent Collet, Arriorde et tant d'autres *, rendus fameux par l'adresse avec laquelle ils savaient se débarrasser de leurs fers !

---

* Voyez ci-dessus, sur les nombreuses évasions de ces scélérats, les pages 178, 179 et suivantes.

Ainsi, l'éternelle erreur dans laquelle on tombe, c'est de prêter à l'être vicieux par essence, au scélérat endurci, les sentimens propres à l'homme honnête, ou bien de supposer en lui, cette docilité d'esprit, cette aptitude à l'amendement qu'on ne rencontre que chez celui qui a failli par entraînement ou par occasion.

La solitude ne corrigera que ceux qui y seront entrés avec des dispositions au repentir. Mais aussi, pour ceux-là, l'emprisonnement solitaire est inutile.

Que l'on cesse maintenant d'invoquer l'exemple des États-Unis et de Genève.

Les partisans du système pénitentiaire proclament eux-mêmes que le brigandage est à-peu-près inconnu sous ces heureux climats. La plupart des crimes y puisent leur origine dans ces passions individuelles qui laissent une porte toujours ouverte au remords. Par là s'expliquent les succès de la réclusion en ces pays; succès, au reste, qui ne sont encore constatés que par des assertions *.

* Il faut voir les choses de près, quand il s'agit d'en

Chez nous, je n'aurais nulle confiance en l'emprisonnement solitaire, comme moyen d'amendement.

Comme peine, il est barbare.

C'est par la douleur morale, on le déclare, qu'on prétend améliorer le coupable.

Mais les douleurs morales sont plus cuisantes que les souffrances physiques.

C'est ressusciter la torture; c'est pis encore: car les tourmens causés par la torture étaient passagers, et ceux que vous voulez faire subir seraient permanens et continus!

La mort est pour l'invidu une peine moins cruelle; elle est une garantie plus sûre pour la société.

Et qu'on ne pense pas que j'exagère ici. Je m'en rapporte à M. Ch. Lucas, qui dit: « La

---

venir à la pratique. Je crois donc qu'il serait de la plus haute importance de vérifier sur les lieux même, et d'après des documens officiels, les nuances diverses de toutes les causes criminelles. Il faudrait surtout étudier le caractère et la vie toute entière des condamnés à la réclusion, afin de se fixer sur la classe de criminels à qui ce genre de répression serait profitable. Travail immense, mais indispensable!

» réclusion, comme l'observent les docteurs » Esquirol et Pariset, rencontrera des orga- » nisations fortes, des organisations faibles, » des organisations intermédiaires, plus ou » moins résistantes..... Le docteur Esquirol » regarde comme INEXÉCUTABLE *une réclusion* » *absolue de dix années* *. »

Aussi, M. Ch. Lucas veut-il qu'on confie à je ne sais quel pouvoir disciplinaire la faculté de *répartir la durée de la réclusion*, de la rendre plus ou moins *continue*, suivant la *conduite* et la *constitution* du condamné **. »

Puisque la résistance dépend de l'organisation, il s'agit donc d'une souffrance à-la-fois morale et physique, c'est-à-dire, d'une double torture.

Système admirable et vraiment nouveau que celui qui mesure la répression, non sur la gravité du crime commis, mais sur la force physique de l'individu ! Dorénavant, c'est parmi les médecins qu'il faudrait chercher des juges.

Les lois et les jugemens ne seraient plus

---

* *Des garanties répressives*, page 319.

** *Eodem.*

qu'un vain simulacre. Le droit de grâce et de commutation de peines, apanage du prince, serait lui-même envahi, car la *conduite* ultérieure du condamné, tout aussi bien que sa *constitution*, influerait sur la *durée* et la *continuité* de la réclusion; et la dictature disciplinaire serait unique arbitre de tout cela. Et c'est en proposant un pareil système que vous vous récriez contre l'arbitraire! En fut-il jamais un plus caractérisé, plus redoutable pour la société?

Entendez le prophétique anathème prononcé par M. Lepelletier de Saint-Fargeau contre une pareille subversion de tous les principes :

« Si toute peine arbitraire au gré du juge, » disait ce philantrope, doit être bannie de » notre code, nous en écarterons bien plus » soigneusement encore celles qui sont sus- » ceptibles d'être modifiées après le jugement. » Toute peine qui, par sa nature, peut être » ou aggravée ou atténuée, suivant la dispo- » sition de celui qui la fait subir au condam- » né, est essentiellement mauvaise *. »

---

* Rapport à l'Assemblée Constituante.

Et pourquoi est-elle essentiellement mauvaise? Parce qu'elle ôte à la loi son caractère essentiel, la fixité de la menace, et qu'elle détruit ainsi son effet préventif. Or, avec l'emprisonnement solitaire, l'étendue de la peine sera toujours douteuse, même après la condamnation.

Et ce n'est pas seulement à l'efficacité morale de la loi, qu'attente le système que j'examine. Voyez-en les conséquences vis-à-vis du condamné lui-même. Sa *conduite* et sa *constitution*, dites-vous, pourront faire cesser sa réclusion.

Les brigands de profession connaissent toutes les ruses, savent jouer tous les rôles. N'y a-t-il pas de quoi trembler à l'idée qu'avec un peu d'hypocrisie pour feindre le repentir, ou bien avec assez d'adresse pour simuler quelque maladie, il pourra se procurer un accroissement de liberté, dont il profitera pour s'en fuir et ensanglanter de nouveau la société?

En résumé, inefficace comme moyen d'amendement, barbare comme peine, subversif des principes et arbitraire dans son application, nuisible à l'effet préventif, dangereux pour la société, l'emprisonnement solitaire réunit tous les inconvéniens.

Dans l'opinion même de ses apologistes, il ne peut être que d'un usage momentané.

Or, où placera-t-on les condamnés, au sortir de leur prison solitaire? Il faudra bien les réunir aux autres détenus. D'accord, si sa séclusion les a domptés et rendus bons.

Mais si la pensée du crime est toujours en eux, quel effet leur contact produira-t-il sur leurs compagnons?

Force sera pareillement d'admettre à la vie commune, tous les coupables qui, pour n'avoir pas assassiné, n'en sont pas moins profondément dépravés; par exemple, un Poulailler *.

Mais ce mélange de tout ce qu'il y a d'abject et d'impur ne détruirait-il pas toute possibilité de réforme? Un seul fruit gâté suffit pour en vicier mille autres. Le voisinage des méchans n'est pas moins contagieux.

Comment se flatterait-on que ces professeurs

* Voyez, sur Poulailler, la notice à la page 158 ci-dessus.

du crime, qui enseignent au bagne avec tant de succès, seraient sans voix et sans auditeurs dans les établissemens pénitentiaires ? Est-ce un moyen de les purifier, que d'y introduire un foyer de putréfaction ?

Ce serait une illusion de croire que c'est le bagne qui enfante les scélérats, et que, en supprimant l'un, on fera aussi disparaître les autres.

La gangrène est au cœur même de la société. C'est là qu'il faut porter le fer et le feu. Tant qu'il y aura des associations de malfaiteurs, nous devrons nous résigner au triste spectacle de la démoralisation la plus invétérée.

Réformez vos lois, s'écrie M. Ch. Lucas, avant de réformer les coupables. Je dis, au contraire : Ne touchez pas aux lois avant d'avoir détruit la cause qui les rend nécessaires.

Vous demandez un effet contraire à son principe.

Ce n'est pas parce que le bagne existe qu'il y a des brigands ; c'est parce qu'il y a des brigands qu'il a fallu créer le bagne, c'est-à-dire, un moyen de répression, égal à leur scélérаtesse et à leur audace. Ils portent la corruption avec eux. Elle les suit, s'y attache. Quelque part que vous les placiez, à quelque régime que vous les soumettiez, partout où ils mettront le pied, vous aurez aussitôt un bagne.

Et, après tout, ces hommes que leurs chaînes actuelles n'empêchent pas de s'évader, comment se flatterait-on de les retenir longtemps dans un séjour pénitentiaire, à moins qu'on ne les y soumette aux mêmes entraves que les galériens, et alors on ne ferait que de nouveaux bagnes sous un autre nom ?

CHAPITRE XX.

Du système pénitentiaire, comme moyen auxiliaire de répression.

Quel est le vice qui rend si odieux le régime du bagne? C'est la réunion, dans le même lieu, l'accouplement côte-à-côte de malfaiteurs incorrigibles avec des malheureux qui, pour avoir une fois succombé à la tentation, n'en ont pas moins conservé des sentimens d'honneur, dont une funeste contagion les dépouillera bientôt. Voilà le mal auquel il faut parer.

Marchant, enchaîné à un brigand, un militaire s'écriait les larmes aux yeux : « Je suis » ici pour avoir vendu mon pantalon. Je m'é» tais toujours bien conduit. Par malheur, je » me suis enivré un jour et j'ai fait des sot» tises *. » Laissez-le long-temps avec son

* *Gazette des Tribunaux* du 24 mai 1829.

funeste compagnon, et celui-ci saura tarir la source de ses larmes vertueuses.

Renvoyons au bagne, sans hésiter, les adeptes, les vétérans du crime. Il y a double motif, la nécessité de s'assurer d'eux, le besoin de préserver les autres de leur contagion.

Quand un édifice est en proie à des flammes dont on perd espoir de se rendre maître, ne le laisse-t-on pas brûler ? Tous les efforts ne sont-ils pas employés à couper le feu, à l'empêcher de gagner les habitations voisines ?

Ainsi faut-il faire avec les brigands. Abandonnons-les à leur destinée. Séparons l'ivraie du froment. Créons un purgatoire humain. Préparons des voies d'amélioration à ceux que de fatales circonstances poussèrent à l'oubli des devoirs. Fondons pour eux des établissemens pénitentiaires ; j'en conçois maintenant l'utilité.

Si un pauvre hère, jusque-là irréprochable, vient, d'une voix mal assurée, et plus tremblant que moi, me demander de l'argent sur la voie publique, et que, le suivant, je le voie acheter du pain et le porter à une famille affamée, je dirai moi-même à ses juges : « Cet » homme est plus malheureux que coupable.

» Envoyez-le dans un lieu de refuge et de pé-
» nitence. Donnez-lui une leçon, mais ne le
» flétrissez pas. »

Songez à cette jeune fille qui, succombant au désespoir, a fait disparaître le fruit de sa faiblesse, le monument de sa honte. C'est une pudeur, dénaturée sans doute, qui l'a rendue coupable. Le principe même de son crime atteste qu'elle n'est point tout-à-fait pervertie. Qui ne serait touché des larmes de cette infortunée, promettant d'expier une faute unique par le repentir et les bonnes œuvres! Donnez une meilleure direction à ce principe d'honneur qui l'égara un instant. Mais, si vous voulez atteindre un but si précieux, ne lui laissez pas des infâmes pour compagnes et pour institutrices,

Quel jour néfaste que celui qui a vu monter sur l'échafaud ce Debacker, condamné à mort pour avoir tué sa maîtresse dans un transport de jalousie, et dont les derniers momens sont si bien faits pour arracher des larmes au cœur le plus froid!

« Depuis le moment, dit la *Gazette des Tri-
» bunaux*, où la mort l'a frappé, Debacker n'a
» songé qu'à se préparer à bien mourir. Calme

» sans forfanterie, repentant sans affectation,
» il s'est refusé à toutes les sollicitations de
» son avocat et des personnes qui l'enga-
» geaient à se pourvoir en cassation, à implo-
» rer la clémence du roi, et il a, chose bien
» rare, invinciblement persisté dans sa réso-
» lution. Je mérite mon sort, disait-il; la jus-
» tice des hommes m'a atteint. Je ne pourrais
» échanger ma condamnation qu'avec le ba-
» gne et un fer rouge..... J'aime mieux la mort.
» Les travaux forcés à perpétuité, c'est un
» autre échafaud et un échafaud perpétuel !
» Je ne veux monter sur l'échafaud que pour
» mourir ! »

« Une idée surtout semblait l'agiter. Il de-
» mandait avec inquiétude si le monde le
» voyait avec horreur, si ses enfans seraient
» déshonorés... et son avocat s'efforçait de le
» rassurer en lui montrant les personnes re-
» commandables qui venaient le visiter dans
» sa prison et qui lui témoignaient tant d'in-
» térêt.

« M. Hardy lui remit un jour une lettre
» que lui écrivait un de ses enfans, et qui ter-
» minait ainsi : *Je te pardonne, mon père* etc.
» *Cette expression vous paraît étrange*, dit De-

» backer. Eh bien! non. Il a droit de m'en » vouloir; et je suis bien content d'avoir, avant » de mourir, le pardon de mes enfans* ! »

C'est peu d'arracher un tel homme à l'échafaud, il faut aussi le soustraire à l'infamie.

On frémit quand on pense que si la cruelle pitié des jurés avait écarté la circonstance de préméditation, elle aurait envoyé le malheureux Debacker aux galères, elle aurait forgé la chaîne par laquelle un homme honnête eût été associé au plus dégoûtant bandit. Mieux lui a valu la mort.

Tels sont les coupables dont il ne faut pas désespérer et que la justice pénale ne doit pas ravir aux autres sanctions. Les secours de la religion, la voix du remords, le besoin de l'estime publique sont capables de les faire rentrer dans le devoir. Ne tranchez pas le fil d'une vie qui peut être encore vertueuse, ne livrez pas à l'infamie une existence qui peut encore être honorable. L'intérêt social ne veut pas d'une répression hors de proportion avec le crime. A ces hommes égarés et non pervertis, vous pourrez offrir des conseils et des consolations, ils sauront les comprendre et en profiter. Faites-leur sentir le respect dû à l'existence de leurs semblables, par celui que vous aurez pour leur propre vie ; retracez-leur la sainteté du devoir qu'ils ont violé, l'énormité du crime qu'ils ont commis ; ils se l'étaient déjà dit eux-mêmes. Apprenez-leur que la justice des hommes n'est pas plus inflexible que celle du ciel, et qu'il n'est pas de faute qu'un repentir sincère n'efface ; laissez-leur entrevoir le jour de leur réhabilitation ; faites luire, à leurs yeux, l'espoir de reconquérir l'estime publique, car ils y sont encore sensibles. Voilà les hommes pour lesquels vous devez ouvrir, à deux battans, les portes des établissemens pénitentiaires, mais pour eux seuls.

Employé de cette manière, le système pénitentiaire peut être d'un grand secours pour la graduation des peines, pour l'équitable répartition des châtimens.

Il n'est pas de prétexte qui doive retarder une si utile réforme. Il y a urgence.

Et d'ailleurs, les moyens d'exécution seraient faciles ; car, n'ayant plus à opérer sur des masses indisciplinables, l'ordre deviendrait aisé à maintenir.

La considération de la dépense doit se taire

quand l'humanité souffrante gémit : le premier besoin de la société, c'est la justice.

Sous la restriction nécessaire que je viens d'indiquer, je ne puis qu'applaudir aux vues nobles, aux inspirations généreuses de M. Ch. Lucas. Je n'ai entendu en critiquer que la fausse application.

Mais ne perdons pas de vue que ce ne doit être là qu'un moyen exceptionnel.

La pénalité ordinaire doit toujours rester en première ligne.

S'il se rencontre des coupables dignes d'intérêt, susceptibles d'amendement, il est, et en trop grand nombre, des cœurs de rocher sur lesquels vous ne jetteriez que de stériles semences. Eloignez de l'asile du repentir ces êtres fatalement organisés, qui n'y resteraient que pour paralyser vos efforts sur leurs compagnons, qui n'en sortiraient que pour bouleverser de nouveau la société.

CHAPITRE XXI.

De divers essais de l'abolition de la peine de mort.

La peine de mort a été admise de tous les temps et par les plus grands législateurs. Elle a, en sa faveur, la présomption de l'expérience.

Voilà qu'une opinion nouvelle s'est formée. Elle s'est répandue, rapide comme l'électricité. Ce n'est plus qu'un cri contre l'inutilité prétendue de la peine de mort.

Si la chose pouvait être vraie, il faudrait abolir de suite une cruauté gratuite. Je ne suis pas de ceux qui veulent, à tout prix, demeurer stationnaires. J'aime le mouvement quand il suit le progrès des lumières.

Néanmoins, dans une matière aussi grave, et qui nous touche de si près, je sens le besoin de bien examiner avant que de croire.

Que Fontenelle se crée des mondes tant

qu'il voudra; que, de nos jours, les Saint-Simoniens se flattent de fonder une secte nouvelle, je les laisse dire parce que leurs rêveries n'ont point d'influence sur mon bien-être et ma sûreté.

Mais quand on attaque une institution qui fut toujours regardée comme notre sauvegarde, je le déclare, je serai difficile sur les preuves, je ne me rendrai qu'à l'évidence; car, si ce n'était qu'une erreur, elle aurait de trop funestes effets.

Voyons ce qu'il faut croire de ces essais si vantés de l'abolition de la peine de mort.

On cite la Toscane.

« Sous le règne de Léopold, qui a duré vingt-cinq ans, dit-on, il n'y a eu que cinq assassinats commis, et celui qui l'atteste en parle d'après des relevés publics *. »

L'opinion d'un seul ne fait pas preuve pour moi, si elle n'est appuyée de faits bien constatés. On annonce, il est vrai, des relevés publics. Mais on ne les communique pas. Nous

* M. Ch. Lucas, *des garanties répressives*, pag. 358.

ne les connaissons pas. Comment vérifier dès-lors l'exactitude de l'assertion ?

M. Ch. Lucas l'a si bien senti, qu'il a jugé nécessaire de se procurer d'autres élémens de conviction. Il déclare avoir écrit à M. de Pastoret, qu'on lui avait dit être possesseur de documens officiels à ce sujet. Voici la réponse de ce dernier : « *Il m'est difficile de vous » donner des preuves officielles*, comme vous » les appelez, des heureux effets produits en » Toscane par l'abolition de la peine de » mort. C'était un fait tellement connu quand » j'écrivais (Léopold régnait encore), que » *je n'ai pu chercher à prouver* ce que per- » sonne ne contestait..... La Toscane a, en » ce moment, à Paris, un ministre plein de » lumières, M. le commandeur Berlinghieri ; » et, sans doute, il se ferait un plaisir de vous » offrir, à cet égard, tous les éclaircisse- » mens *. »

Voilà une réponse qui ne dit rien, ou plutôt qui dit très-clairement qu'on a avancé le fait, sans preuves officielles, sans avoir même

* M. Ch. Lucas, *des garanties répressives.*

cherché à le prouver, et qui renvoie à d'autres pour obtenir des éclaircissemens.

Et pourtant cet écrivain avait affirmé la chose; et, sur la foi de son dire, d'autres l'ont répétée et on la répétera encore. C'est ainsi que se forment les erreurs populaires.

M. Ch. Lucas n'a pas manqué d'écrire à M. Berlinghieri. Quels renseignemens en a-t-il obtenus?

« Il n'y a pas de doute, lui a-t-on répondu, » que l'humanité de la législation pénale de » Léopold, et en particulier l'abolition de la » torture et de la peine de mort, n'ait été » suivie, pour la Toscane, des résultats les » plus satisfaisans. Je ne sais pas si sous son » règne il ne s'est pas commis plus de cinq » assassinats; mais ce que je sais bien, c'est » que ces délits de tout genre ont été beau» coup plus rares alors qu'avant et qu'après. »

On ne nous fait pas faute d'affirmations; mais de preuves, point! Ne croirait-on pas entendre raconter l'histoire de la poule aux œufs d'or? Tout le monde atteste et personne n'a vu *.

---

* Je pourrais ajouter qu'un diplomate, étranger pro-

Et c'est au moyen de pareils témoignages qu'on veut, pour ainsi dire, enlever d'assaut une question aussi grave que celle qui nous occupe !

On est tout aussi bien fondé à assurer que le margrave de Bade et de Dourlach, pénétré des principes de Beccaria, supprima la peine de mort, et que le margraviat continua de jouir d'une paix profonde.

Ce fait est posé par M. de Gérando. M. Ch. Lucas lui a encore écrit. Ecoutons la réponse : « J'ai puisé le fait, à la source duquel vous » voulez justement remonter, dans la préface » d'une traduction de Beccaria, que j'avais » empruntée à la bibliothèque royale. J'ai » écrit en Allemagne à ce sujet; *je n'ai pu*

---

bablement à la justice criminelle, répondant loin de son pays, où il aurait pu consulter des documens, ne pouvait donner de solution positive. Je pourrais dire aussi que, sans le secours des comptes rendus de l'administration de la justice criminelle, tels que ceux publiés en France, depuis quelques années, il est difficile de déterminer avec précision l'augmentation ou la diminution des crimes. Cette autorité doit donc, sous tous les rapports, être mise à l'écart.

» *savoir combien de temps avait duré cette abo-*
» *lition, pourquoi elle avait disparu.* »

Sans rechercher quelle peut être l'autorité d'une préface, faite par on ne sait qui, je dirai : Il ne faut pas que les bienfaits de cette abolition aient été bien éclatans, puisqu'ils n'ont pas laissé de trace dans la mémoire. Il n'est pas besoin d'être un Œdipe pour deviner pourquoi elle a disparu. Ce ne peut être que parce que l'effet n'a pas répondu à l'attente.

Ici se présente une réflexion commune à la Toscane et au margraviat. Ce ne sont là que de petits états que la surveillance du prince embrasse d'un coup-d'œil. C'est une machine, selon l'expression d'un orateur de l'Assemblée Constituante, qui peut aller en petit parce que tout est sous la main du mécanicien, et que les frottemens sont presque nuls ; mais essayez de l'exécuter en grand !

Aussi, lorsque Léopold fut devenu empereur, on ne voit pas qu'il ait appliqué à ses nouveaux états la mesure dont il avait cru pouvoir faire l'essai dans son duché. L'exemple de Léopold est une leçon frappante pour nous.

L'impératrice de Russie, Elisabeth, fit serment, dit-on, de ne jamais infliger la peine de mort. Mais elle se garda bien de l'effacer des tables de la loi. Elle la laissa subsister comme menace; et si son règne fut aussi paisible qu'on l'assure, n'est-ce pas une preuve que la menace produisit son effet.

Qu'il en soit de même chez nous; car, lorsque je demande le maintien du supplice, on le sait maintenant, ce n'est point pour voir le sang ruisseler, mais pour que la menace en prévienne doublement l'effusion, en imprimant aux méchans une terreur salutaire qui les détourne de l'assassinat, et dispense ainsi la justice de les frapper ensuite eux-mêmes.

Catherine n'abolit pas non plus le supplice. Elle se borna à réduire le nombre des cas qui y donnaient lieu. M. Ch. Lucas cite lui-même l'exemple d'une exécution qui eut lieu sous son règne. N'y en eut-il qu'une seule? On ne le prouve pas; mais enfin cela suffit pour constater que la peine de mort fut admise par Catherine.

Cette princesse, qui ne cachait point son aversion pour la peine capitale *, aurait-elle

---

* C'est ce qu'atteste un propos qu'on lui attribue, et

hésité à la supprimer entièrement si elle avait cru pouvoir le faire sans danger, et si l'expérience faite sous Elisabeth eût été aussi heureuse et décisive qu'on le suppose?

Enfin, si Joseph II tenta l'abolition du supplice, on est forcé de convenir qu'il le rétablit lui-même bientôt après.

Il vaudrait mille fois mieux pour les antagonistes de la peine de mort, que l'essai de sa suppression n'eût jamais été fait nulle part. Ils pourraient du moins se prévaloir de leurs conjectures, invoquer des probabilités; ils pourraient nous dire : Laissez mettre à l'épreuve nos systèmes, ne condamnez pas ce qui n'a pas été essayé.

Mais convenir qu'il s'est rencontré, non pas un, mais plusieurs législateurs jaloux d'attacher leurs noms à une grande réforme, et qu'après l'expérience de peu d'années ils ont été obligés d'y renoncer, n'est-ce pas fournir des argumens décisifs en faveur de la

---

qui est rapporté par M. Ch. Lucas : « Il faut punir » le crime, aurait-elle dit, sans l'imiter. La peine de » mort n'est presque toujours qu'une barbarie inutile.»

peine de mort? N'est-ce pas justifier son indispensable nécessité?

Mais voici venir une autorité imposante, celle des Etats-Unis.

Il est vrai que la législature de la Louisiane a tout nouvellement décrété l'abolition de la peine de mort, et que le sénat des Etats-Unis s'occupe en ce moment d'organiser une législation sur ce principe

Ce n'est encore là qu'une expérience. Attendons que les faits en aient démontré l'efficacité. Le temps seul pourra nous apprendre quels succès il faut en espérer.

Au surplus, même en supposant pleine réussite aux Etats-Unis, cet exemple serait-il décisif à notre égard?

Avant que d'importer un système de législation d'un pays à un autre, ne faut-il pas vérifier d'abord si les mœurs, les usages, les besoins, l'état social enfin sont exactement semblables? Un ordre de choses approprié à un peuple va-t-il nécessairement à tout autre? Et, par exemple, croit-on que nous nous accommoderions facilement des lois somptuaires et du brouet noir qui convenaient à des Spartiates?

Or, quelle comparaison à faire entre la vieille Europe, où la terre manque aux bras, où la misère et l'oisiveté, jointes au luxe le plus effréné, sont une cause perpétuelle de crimes, et un peuple neuf, vierge de corruption, où une faible population est éparpillée sur un immense territoire qui lui fournit une facile subsistance?

» Il me suffit de lire, dit M. Ch. Lucas, » qu'il est rare de rencônter un pauvre aux » Etats-Unis, pour dire qu'il est rare d'y rencontrer un crime *. »

Le contraire n'est-il pas certain chez nous?

Vous avez par là démontré, sans le vouloir, tout ce qu'il y aurait d'irréflexion à admettre un même régime pour des complexions si différentes?

Là où il n'y a pas de maladies, je conçois l'inutilité des remèdes. Ce n'est pas sur le sommet des Alpes qu'il sera nécessaire d'établir des lazarets contre la peste. Serait-ce une raison pour les supprimer dans les ports de mer?

---

* M. Ch. Lucas, *de la répression en général*, pag. 117.

Commencez par extirper du milieu de nous les passions et les besoins qui engendrent les forfaits, et dont est exempte l'heureuse Amérique; vous parlerez après d'en abolir le préservatif.

Ainsi, quand même la réforme projetée aux Etats-Unis viendrait à y réussir, elle ne prouverait rien par rapport à nous. Alors encore, je dirais au législateur de bien peser cette réponse d'un ancien : « J'ai donné à mon peuple non pas les meilleures lois possibles, mais celles qui lui convenaient le mieux! »

Je ne puis quitter cette matière sans rappeler un trait récent et propre à nous éclairer sur le degré d'affinité qui existe entre les mœurs américaines et les nôtres. Voici ce qu'on lit dans le *Journal des Débats* : « Aux » Etats-Unis, dans la Caroline du nord, comté » de Canden, un cultivateur nommé Grégory » récoltait du grain et le chargeait malgré » les représentations du vieillard Eason qui » prétendait à la propriété de la récolte. Aux » remontrances succède une menace éner- » gique, à la menace un coup décisif. Gré- » gory tombe mort sur le champ. Le fils » d'Eason, seul témoin de ce crime, arrête

» son père et le conduit en prison. La procé-
» dure est instruite. Sur ses dépositions,
» Eason est amené devant le jury. Son fils
» articule la preuve. Le témoignage est ac-
» cepté. Le vieillard est condamné à mort. Il
» sera exécuté *. »

Et c'est le pays où un témoignage si dénaturé a été reçu, qu'on nous présente comme antipathique à la peine de mort!

Des modernes on passe aux anciens.

Hérodote, dit-on, cite un roi nommé Sabacos qui ne fit mourir personne; et, pendant cinquante ans, l'Egypte fut heureuse et tranquille.

Strabon parle de deux peuples qui vivaient au pied du mont Caucase: l'un sous un système cruel de législation, l'autre dans l'ignorance de la peine de mort; et il fait observer que les crimes étaient plus rares chez le second que chez le premier!

Lactance rapporte que les temps qui précédèrent Dracon valurent mieux que ceux qui le suivirent.

---

* *Journal des Débats*, numéro du 12 juillet 1831.

Tite-Live assure que, sous la loi *Porcia*, qui défendait d'ôter la vie à un citoyen romain, les crimes étaient plus rares à Rome qu'ils ne devinrent depuis.

Voilà toutes les autorités que vous fournissent les siècles anciens; qu'elles sont en petit nombre! Et pourtant, on a mis tous les peuples à contribution. On a poussé les explorations jusque chez les races caucasiques!

Et comment Hérodote, Strabon et Lactance ont-ils pu savoir si exactement ce qui s'était passé dans des pays qu'ils n'avaient probablement jamais vus, et à des époques éloignées de celles où ils écrivaient? Etait-ce dans les mémoires et les journaux du temps qu'ils avaient trouvé des documens précis?

La tradition peut bien transmettre le souvenir des traits les plus saillans, et encore avec des altérations dans les détails. En est-il de même de cette série d'observations et de faits sans lesquels on ne peut apprécier l'effet moral d'un principe législatif? Ne dirait-on pas que c'est la chose du monde la plus simple et la plus aisée?

Eh quoi! malgré la découverte de l'imprimerie et la multitude de nos livres, malgré la facilité des communications et l'ardeur de vos recherches, vous avez peine à savoir ce qui se passe sous vos yeux, vous n'avez pu venir à bout de vous procurer des documens officiels sur les effets de la législation toscane; vous n'avez pas même pu découvrir la durée de l'abolition récente du supplice et la cause de son rétablissement dans un margraviat voisin ; et ce que vous n'avez pu faire aurait été au pouvoir d'Hérodote et de Lactance ! La question qui nous occupe était-elle donc alors agitée avec éclat, pour qu'ils se missent en quatre, à l'effet d'obtenir les renseignemens propres à l'éclairer ! Pensez-vous que Strabon soit allé au pied du Caucase pour y consulter les statistiques et les greffes criminels de la localité ? Et vous voulez nous forcer à croire des allégations sans preuve sur des faits qui se perdent dans la nuit des temps ! Votre crédulité me rappelle involontairement ce proverbe : *A beau mentir qui vient de loin*. Que savons-nous si les écrivains dont on parle ne se servaient pas du procédé à l'aide duquel Vertot faisait des sièges ?

Je n'irai point faire le procès à Tite-Live,

sur ses fables relativement à Romulus ; aux poulets sacrés et aux miracles des vestales. Ce sont-là des récits de pure curiosité. Je me contente d'en rire. Mais vouloir que, sur la foi de quelques lignes d'un auteur, ami du merveilleux, nous livrions nos têtes sans défense au poignard des assassins, c'est ce qui n'est ni juste ni raisonnable.

J'en dis autant de ce bonheur dont aurait joui l'Angleterre, pendant la prétendue suppression du supplice, sous Alfred et Guillaume-le-Conquérant. J'ai le droit de vous demander vos preuves à ce sujet, et vous serez long-temps avant de pouvoir les fournir.

On invoque jusqu'à la Bible, comme si des lois théocratiques pouvaient être à l'usage des gouvernemens constitutionnels ; et ici encore on oublie la condamnation à mort d'un prince hébreu, de Jonathas, par son propre père, pour avoir goûté un peu de miel pendant la bataille, au succès de laquelle il avait contribué !

Enfin, on ose se prévaloir de l'autorité de l'Église, qui professe l'horreur du sang, et cela en présence des atroces décrets de la très-sainte inquisition ! Elle ne versait pas le sang, il est vrai, mais elle faisait brûler les hommes tout vivans ! Quelle touchante mansuétude ! Et je n'ai point appris que le pape ait jamais excommunié le saint-office.

J'aurais peut-être dû passer plus légèrement sur des autorités qui ne résistent pas au moindre examen. J'ai cru quelques développemens nécessaires, parce que, lorsqu'un fait, quelque dénué de preuves qu'il soit, est posé par un écrivain accrédité, il passe pour avéré si nul ne le contredit, et l'erreur va se propageant de bouche en bouche.

Ne nous laissons donc pas éblouir par un luxe de citations dont le but est de suppléer à la qualité par le nombre.

Dans tous les faits que j'ai parcourus, il n'y a de réel que quelques essais, tentés pendant peu d'années, mais bientôt abandonnés, et qui, dès-lors, concluent plutôt pour que contre mon opinion.

CHAPITRE XXII.

Conclusion sur les Chapitres précédens.

Je n'ai point eu la prétention de faire un Code pénal. Je n'ai voulu qu'indiquer en quel sens il serait possible d'améliorer celui qui nous régit. J'ai déposé un germe. C'est au législateur de le féconder.

Si mon plan était adopté, il aurait pour inévitable effet de rendre l'infliction de la peine de mort extrêmement rare. Par là perdrait toute sa force cette objection, tant répétée, que la fréquence des exécutions contribue à rendre les mœurs féroces. Elle disparaîtrait tout-à-fait si le supplice n'était plus infligé en public.

On ne pourrait plus dire pareillement : « La » peine de mort, étant indivisible, est insus- » ceptible de se prêter à aucune diversité. » Lorsque plusieurs coupables sont atteints

» de la même peine, il est rare, il est impos-
» sible même que son infliction ne viole la
» justice à l'égard de l'un ou de plusieurs
» d'entre eux. L'injustice dans l'application de
» la peine en détruit l'effet moral. On ne voit
» plus qu'une victime là où il y avait un cou-
» pable *. »

Cette critique, pleine de justesse contre le Code pénal actuel, resterait sans application là où il n'y aurait plus uniformité de peines pour des crimes inégaux ; où les magistrats pourraient graduer la répression suivant la gravité des offenses, où dès-lors l'infliction des châtimens serait juste ; où le supplice, placé au sommet d'une échelle divisée en une infinité de degrés, n'atteindrait que ces grands coupables qui excitent l'horreur des populations ; et où, par conséquent, les punitions produiraient tout l'effet moral qu'on doit en attendre.

Enfin nous verrions tomber aussi ce der-

---

* Résumé de diverses objections présentées par M. Bérenger, dans son rapport à la Chambre des Députés.

nier argument : « Le juge, ou le juré ne peut
» se résoudre à prononcer ou à provoquer
» une peine disproportionnée. Son âme se
» soulève à l'idée de frapper de mort celui
» qu'une peine moins sévère suffirait à répri-
» mer *. »

On ne verrait plus les jurés, venant, pour ainsi dire, au secours des magistrats, faire de ces transactions, rendues nécessaires sans cesser d'être scandaleuses, par lesquelles, contre l'évidence du fait, ils écartent les circonstances qui mènent à la mort, et se mettent ainsi en état de révolte contre la loi.

Sachant que leur *verdict* n'aurait plus le supplice pour inévitable résultat, mais que la peine serait graduée par des magistrats humains, ils ne prononceraient désormais que d'après leur conscience et leur conviction.

Les magistrats eux-mêmes, dégagés des entraves d'une loi inflexible, deviendraient sobres d'une peine dont l'infliction entraîne une si grande responsabilité.

Tout gagnerait à ce système ; la morale, qui

* M. Bérenger, rapport à la Chambre des Députés.

verrait mettre un terme au parjure des jurés ; la philantropie, qui s'applaudirait de voir diminuer le nombre des supplices ; la société, qui ne serait plus troublée par des châtimens plus atroces que le crime ou par l'impunité de scélérats avérés.

Il reste néanmoins encore une considération par laquelle on s'efforce d'alarmer le législateur. Qui peut répondre, s'écrie-t-on, que les jugemens humains seront toujours justes ? Nos archives judiciaires témoignent de leurs fatales méprises !

Pas autant qu'on le suppose. Commençons par écarter les exemples puisés dans l'ancienne jurisprudence. Alors que les débats étaient secrets, que les accusés n'étaient pas confrontés avec les témoins, qu'ils n'avaient pas même de défenseurs, l'erreur était facile et concevable.

Ce danger n'est plus le même aujourd'hui que la publicité et des formalités tutélaires protégent les prévenus.

Qu'on se rassure ; le mal n'est ni aussi fréquent, ni aussi certain qu'on le dit. En matière si grave, il faut y voir de près et se défendre des exagérations. Or, en quoi les fait-on consister ces méprises judiciaires ?

On présente le tableau des accusés, condamnés d'abord, et acquittés ensuite par d'autres jurés devant lesquels les avait conduits la cassation de leur arrêt *. Le premier jugement, dit-on, frappait donc des innocens !

De ce qu'un second jury aura déclaré des accusés non coupables, s'ensuit-il donc nécessairement que leurs mains fussent pures de sang humain ? Cette conséquence serait juste, si l'on ne connaissait pas la tendance des jurés. Mais les auteurs de l'objection prennent soin eux-mêmes de publier que les jurés sont disposés *à décliner leur juridiction dans les causes capitales*, et qu'il n'en est guère de listes qui ne présentent des hommes *éprouvant une consciencieuse et presqu'invincible répugnance à envoyer un de leurs semblables à l'échafaud* **.

C'est par suite de ce fait notoire, que M. Bé-

---

* On sait que la cassation n'a lieu qu'à raison d'une violation de la loi, et qu'elle ne préjuge jamais le fond, c'est-à-dire, la culpabilité.

** M. Ch. Lucas, *de la répression en général*, page 197.

renger est allé jusqu'à dire que c'est à peine si le quart des crimes est puni * !

Ainsi, un acquittement, survenu après une précédente condamnation, ne prouve pas l'erreur dans celle-ci. Il ne démontre qu'une seule chose, savoir, que la conscience timorée des derniers jurés (comme M. Ch. Lucas dit qu'il arrive souvent) *n'a voulu accepter aucune responsabilité à l'égard du supplice* **. Et, pour ma part, nonobstant le verdict de non-culpabilité, je n'aimerais pas à me rencontrer tête-à-tête, au fond d'un bois, avec un être que la majorité d'un premier jury aurait reconnu coupable d'assassinat.

Avec le jury, la condamnation d'un innocent ne peut être qu'infiniment rare et une sorte de phénomène.

Que si, malgré toutes les précautions, le

---

* Rapport à la Chambre des Députés.

** L'innocence, qui, en ce cas, n'est certes pas une vérité de fait, n'a pas même la force d'une simple présomption légale, car l'acquittement par le jury ne met point obstacle à l'adjudication de dommages-intérêts contre l'accusé.

juste venait à perdre la vie, ce serait une calamité déplorable sans doute.

Mais pesez bien, d'un autre côté, le sang pareillement innocent que le maintien de la peine de mort aura préservé. La compensation sera toujours au profit de l'humanité.

L'innocent, qui aura péri, deviendra le sauveur de plusieurs hommes.

N'est-il pas dans la nature que le mal soit à côté du bien, et le bien à côté du mal ?

Les orages, qui fécondent la terre, n'entraînent-ils jamais de ravages après eux ?

Le soldat, placé à un poste périlleux, n'est-il pas quelquefois voué à une mort certaine ? La société a aussi ses martyrs.

Tel est notre sort ici bas, que la perfection n'existe nulle part. Vouloir une législation exempte d'inconvéniens, c'est demander l'impossible. Il faut savoir se résigner à un mal quand il s'agit d'en éviter un plus grand ; et ne perdons jamais de vue cet axiôme de la sagesse, que le mieux est souvent l'ennemi du bien.

Or, tout bien pesé, bien examiné, on arrive à cette conclusion nécessaire, qu'on ne saurait abolir la peine de mort sans les plus graves dangers pour la société.

Qu'on la supprime pour les cas où elle est excessive ; tout le monde y applaudira. Les lois trop dures sont aussi dangereuses que les lois trop faibles. Améliorons, mais ne détruisons pas.

Que la crainte plane toujours sur les méchans ; qu'ils ne cessent jamais de voir le glaive suspendu sur leur tête et ne tenant qu'à un fil.

Quand même la peine de mort devrait ne jamais être subie, qu'elle reste écrite dans la loi, pour l'effroi du malfaiteur et la sécurité de l'honnête homme. La société une fois rassurée, l'humanité aurait son tour. Alors, peut-être, me serait-il permis de m'écrier :

Magistrats ! j'ai revendiqué vos droits, c'est à vous d'en faire un noble usage. La loi a dû se montrer sévère. C'est de la terreur, des menaces qu'elle attend son utilité préventive. Quant à vous, il vous est donné d'être humains. Vous avez la plus belle part dans la distribution de la justice. Si vous êtes les protecteurs de la société, vous êtes aussi l'appui des hommes traduits devant vous. La cruauté n'est plus un devoir pour vous. Soyez avares d'une peine qu'on ne doit infliger qu'en tremblant. Justifiez la confiance que le législateur a mise en vous. Imposez silence, par la sagesse de vos arrêts, à ces voix qui crient que votre arbitraire peut devenir dangereux. Apprenez-leur, par votre circonspection, que vous savez vous prémunir contre ces erreurs judiciaires dont les formes actuelles, et surtout la latitude qui vous est laissée, peuvent vous préserver. Avant de prononcer ce terrible mot : la mort, souvenez-vous qu'il s'agit d'une peine irréparable. Votre rigueur n'aurait plus d'excuse dans celle de la loi. L'injustice serait toute à vous. Songez aux cuisans regrets que vous causerait une condamnation trop dure pour le crime, ou pour un crime qui ne serait pas clair comme le jour. Vous êtes une autre providence qui veille sur nous. Comme elle, soyez fermes ; comme elle aussi, soyez miséricordieux !

FIN DE LA PREMIÈRE PARTIE.

DEUXIÈME PARTIE.

CHAPITRE PREMIER.

Diversité des opinions sur la peine de mort en matière politique.

Deux assemblées législatives se sont déjà occupées de la question de la peine de mort, et elles ont manifesté la plus étonnante divergence d'opinion.

A la Constituante, M. Lepelletier de Saint-Fargeau, au nom des comités de constitution et de législation criminelle, faisait entendre ces paroles : « Quelque attachés que nous » soyons à la pureté du principe et à l'abro- » gation de la peine de mort, la peine de mort » est une seule fois nommée dans la loi que » nous vous présentons.

» C'est à l'occasion du chef de parti déclaré » rebelle par un décret du corps législatif. Ce » citoyen doit cesser de vivre, moins pour

» expier son crime, que pour la sûreté de
» l'Etat.... Rome, dans les temps où la peine
» de mort était réservée aux esclaves, vit
» précipiter Manlius du haut de la roche Tar-
» péienne. »

Duport lui-même, le plus véhément antagoniste de la peine de mort en matière de crimes privés, Duport disait aussi: « Lors-
» qu'un chef de parti est arrêté, et que son
» existence, en prolongeant la guerre et
» l'espoir de ses adhérens, peut compromet-
» tre la sûreté de la société entière, sa mort
» est indispensable; et dès-lors elle est légi-
» time.

» Vos comités ont admis ce principe: *Il ne*
» *trouvera jamais de contradicteur*. »

A la Chambre de 1830, c'est surtout pour les crimes politiques qu'on a demandé l'abolition de la peine de mort.

Une manière de voir si opposée ne peut s'expliquer que par la diversité des positions.

L'Assemblée Constituante ayant une existence uniforme et paisible de plusieurs années, était calme et de sang-froid. Chez elle, la philantropie n'excluait pas la prudence. Elle faisait du positif. En 1830, on a fait du spiritualisme.

L'Assemblée Constituante tenait compte de l'expérience et de la logique des faits passés et analogues. Notre dernière Chambre était préoccupée par les grands événemens qui venaient de s'accomplir.

Une révolution soudaine, inouïe par la grandeur de ses résultats et la modération de son triomphe, nous avait mis, pour ainsi dire, sous un charme. Ce n'était pas le temps de la réflexion, mais du sentiment. Pardonner d'avance à tous ses ennemis, semblait être le chef-d'œuvre de la générosité. Tant de grandeur d'âme ne pouvait manquer de ramener les vaincus. Le silence de ceux-ci, fruit d'une première terreur, prenait, à des yeux fascinés, le caractère de la résipiscence.

Illusion sublime, que vous avez peu tardé à vous détruire ! Qu'elle a été cruellement dissipée cette ivresse d'optimisme, au récit des scènes sanglantes du midi et des révoltes armées de la Vendée !

Maintenant que l'expérience est venue confirmer cette vérité, que les passions humaines ne s'étouffent pas si facilement, il est permis de soumettre à une analyse exacte l'opportunité et la justice de la réforme qu'on a si imprudemment provoquée.

La première objection qu'on propose consiste à dire que l'immoralité des crimes politiques n'est ni aussi claire, ni aussi immuable que celle des crimes privés. Elle varie, ajoute-t-on, selon les temps, les événemens, les droits et les mérites du pouvoir *.

Ce raisonnement n'envisage le conspirateur que dans ses rapports entre les gouvernans et les gouvernés, tandis que les complots sont des actes complexes.

Leur fin, c'est la substitution d'une forme sociale à une autre.

Leur moyen, c'est une lutte armée, une guerre avec toutes ses calamités.

Il y a à-la-fois trouble envers le gouvernement, trouble envers les citoyens.

La criminalité peut être douteuse vis-à-vis du gouvernement, s'il est mauvais; elle ne

---

* M. Guizot, *de la peine de mort en matière politique*, page 38.

sera jamais incertaine à l'égard des particuliers dont la guerre civile aura causé la ruine.

Le crime contre le Gouvernement n'est consommé que par le triomphe du conspirateur. L'insurrection ouverte n'est, sous ce rapport, qu'un commencement d'exécution.

Ainsi, en ne faisant accéption que de la forme sociale, on trouve que les complots n'aboutissent jamais qu'à de simples tentatives ; et c'est dans cet intérêt exclusif du Gouvernement, que se sont toujours absorbés et perdus de vue les intérêts individuels.

Mais, malgré la répression de la révolte, des scènes de carnage n'en ont pas moins eu lieu, et ce qui n'était que tentative contre le Gouvernement a produit des crimes consommés envers les particuliers.

Les conspirateurs se justifient des désastres privés qu'ils occasionnent, par la pureté, par l'utilité de leurs efforts contre la tyrannie. Voyons.

CHAPITRE II.

De l'effet des Conspirations.

Pour pouvoir apprécier les effets et la moralité des conspirations, il convient de se fixer sur les chances de réussite qu'elles offrent.

Le succès en était possible autrefois, mais pourquoi?

Sous le régime féodal, les seigneurs avaient un patronage immense. Ils commandaient à de nombreux vassaux; ils levaient des armées; ils n'avaient pour confidens de leurs projets qu'eux-mêmes; ils étaient sûrs et de leur secret et de l'obéissance passive de leurs agens.

Dans les sociétés modernes, comme le fait observer M. Guizot, la puissance a quitté les familles. Elle s'est répandue dans la société toute entière. Le peuple, qui ne comptait pas jadis, est tout aujourd'hui. Ils ne sont plus ces chefs puissans, qui n'avaient qu'à frapper la terre du pied pour en faire sortir des armées.

Les conspirateurs sont donc désormais livrés à leurs forces individuelles. Il leur faut des adhérens. Il leur en faut beaucoup, et ils ne peuvent s'en faire que par la persuasion et l'initiation à leurs projets. Pour réunir un nombre suffisant de conjurés, il faut des précautions, et une grande perte de temps.

Est-il possible, après cela, que le secret, qui est l'âme des complots, soit si bien gardé, qu'il échappe long-temps à la surveillance de l'autorité?

La police et le télégraphe sont l'inévitable écueil de tous les conspirateurs.

Croyons-en un homme qui a été au pouvoir, et qui doit en connaître les ressorts.

» Deux instrumens, dit M. Guizot, presque inconnus jadis, et maintenant aux mains du pouvoir.... sont la police et la publicité. Par la police, il entre de bonne heure dans le secret des complots; par la publicité, les complots se dénoncent et se déjouent d'eux-mêmes. Jadis l'autorité avait beaucoup moins de moyens de savoir d'a-

» vance, était aussi beaucoup moins avertie ;
» aujourd'hui, outre la police de l'espionnage,
» elle en a une bien plus efficace, c'est celle
» de l'ordre, qui, partout établi, met pour
» ainsi dire la société à découvert, et enlève
» d'avance aux conspirateurs les ressources,
» les repaires que le désordre général leur
» offrait. La vertu de la publicité est plus
» grande encore..... Les conspirateurs ne
» peuvent plus, comme autrefois, vivre dans
» les cours, à côté des souverains, méditer
» leurs projets à la faveur de l'obscurité et
» du silence universels..... Les hommes se
» classent en se montrant... La trahison tombe
» devant la lumière. Toutes les pensées, toutes
» les intentions se dévoilent ; et cela est si
» vrai, que les complots, jadis l'apanage des
» hommes puissans et apparens sur la scène
» politique, semblent maintenant réservés aux
» hommes faibles et obscurs. Les premiers
» voudraient conspirer qu'ils ne le pourraient
» pas, du moins avec succès. Le jour les en-
» toure. Toutes leurs paroles, toutes leurs
» démarches attirent l'attention. Quelles que
» soient leur réserve et leur habileté, ils ne
» parviendront point à ne rien dire, à ne rien

» faire qui décèle leurs desseins ; car la pu-
» blicité est aussi la condition de leur impor-
» tance : s'ils se taisaient, s'ils cachaient leur
» vie, ils cesseraient d'être ce qu'ils sont dans
» leur parti ; et comment conspirer sans se
» cacher et se taire ? Tout, en quelque
» sorte, livre donc d'avance les complots au
» pouvoir ; contre ceux des classes élevées, il
» a la publicité ; contre ceux des classes in
» férieures, la police. Là, où ils seraient puis-
» sans, ils sont très-difficiles à former ; là, où
» ils se peuvent ourdir dans l'ombre, ils sont
» faibles, et partout l'autorité, avertie à temps,
» a mille moyens de les déjouer avant qu'ils
» n'arrivent aux moindres chances de suc-
» cès *. »

Si des idées théoriques nous passons aux faits accomplis sous nos yeux, même résultat.

Il y a eu bien des conspirations contre la dynastie déchue. En est-il une seule qui ait été couronnée du succès ? Et, certes, on l'a

---

* M. Guizot, *de la peine de mort en matière politique*, page 140.

assez répété, ce n'est point à l'attachement du peuple que le gouvernement d'alors dut son salut.

Ces grandes commotions, qui changent les formes sociales, ne sont jamais l'effet de complots proprement dits. Elles éclatent d'elles-mêmes, à l'improviste et sans préméditation.

Non que je veuille dire que les révolutions ne soient préparées de longue main par les volontés qui y tendent. Il faut bien qu'elles aient l'assentiment général; elles n'auraient pas lieu sans cela.

La mine est prête ; mais la mêche qui doit la faire partir, nul ne peut se flatter de la mettre à époque et lieux donnés.

Fixer jour et heure pour l'exécution d'un complot, est un sûr moyen de le faire échouer, car c'est donner l'éveil au gouvernement; et, d'un autre côté, comment réussir si l'on n'a pas de plan fixe et arrêté.

Les faits sont-là pour l'attester. C'est toujours une circonstance fortuite, soudaine, qui produit l'explosion.

Telles furent nos trois journées. Le triomphe ne fut complet que parce que la lutte fut improvisée. Il y avait si peu dessein prémédité, qu'on se trouva même sans chef; et, pour faire croire qu'on n'en manquait pas, on emprunta au hazard le nom d'un pair de France.

S'il fallait d'autres preuves, nous n'aurions qu'à jeter les yeux sur des exemples contemporains.

Fut-il jamais régime plus haïssable que celui qui, depuis huit ans, domine en Espagne? Et à quoi ont abouti les efforts réitérés de Mina, de Torrijos et de tant d'autres chefs ?

Les masses ont toujours refusé de répondre à leur appel. Etait-ce faute d'énergie ? Non ; car c'est la même Espagne qui, la première, fit pâlir l'étoile du conquérant qui avoit dompté le monde !

Portons au contraire nos regards sur la Belgique, et surtout sur la Pologne *. Là, le gouvernement est aussitôt anéanti qu'attaqué. C'est que la révolution y fut, comme chez nous, un élan spontané du peuple.

---

* Pleure, France ! la liberté est en deuil. Les forts ont péri sous le nombre.... Gengis-Kan vient de triompher.

L'expérience en fait foi ; jamais la chûte du pouvoir ne fut l'effet d'un complot.

Raisonnant maintenant dans l'hypothèse la plus favorable aux conspirateurs, celle de l'attaque contre un mauvais gouvernement, je dis que le mal qu'ils causeront aux particuliers sera sans compensation, car ils feront subir à ceux-ci les effets d'une lutte sans espoir.

Parviendra-t-on à organiser l'insurrection sur un point du territoire ? Voilà le pays où elle éclatera livré à toutes les horreurs de la guerre civile.

Je n'aperçois plus que combats, que villes saccagées, que campagnes dévastées, que sang répandu. Partout la ruine et la mort ! Pour produire quels résultats ? Des représailles terribles de la part du pouvoir, dont la colère tombe non-seulement sur les auteurs du complot, mais encore sur les malheureux qui s'y laissèrent entraîner.

Et que sera-ce si les coups du conspirateur se dirigent contre un gouvernement bon et chéri de la masse du peuple ?

Le pouvoir menacé est demeuré vainqueur. Il lui conviendra peut-être d'user de générosité. Mais ces familles désolées qui pleurent un fils, un époux, un père, qui les dédommagera de pertes irréparables ?

Vous dites que personne n'a droit sur la vie de ses semblables. Et quel serait ce privilège du conspirateur de pouvoir, à son gré, disposer de tant d'existences ?

C'est un crime réputé atroce, de tuer un seul homme, et ce n'en serait pas un d'inonder de sang toute une contrée !

Généreux philantropes, vous si faciles à attendrir sur la mort même d'un scélérat, exhalez donc ici toute votre indignation, car je présente à votre sensibilité, à-la-fois, et le nombre des victimes, et l'iniquité du sacrifice !

Eh ! quoi, je vivais tranquille ; je jouissais d'une douce aisance, fruit de mon travail ; j'étais heureux au sein de ma famille; j'avais de nombreux amis; je bénissais le gouvernement qui m'assurait la paisible possession de tant de biens. Tout-à-coup survient un furieux. Il veut m'engager dans ses projets; je le repousse. N'importe; il séduit, il égare une crédule populace. La guerre est allumée. Ses torches funèbres incendient mes foyers. Fortune, amis, parens, tout est englouti par la tempête; et l'on dira que l'auteur de tant de désastres n'est pas le plus criminel des hommes!

Ainsi, abstraction faite de la criminalité envers le Gouvernement, il reste toujours la criminalité envers les particuliers.

Sous ce rapport, je n'hésite pas à le dire : quelles que soient les couleurs qu'on arbore, quelle que soit la bannière qu'on attaque, que le complot ait lieu contre la république, l'empire ou la restauration, tous les conspirateurs sont également coupables à mes yeux.

En posant ainsi la question, je m'affranchis du reproche de ne parler contre les conspirateurs que parce qu'aujourd'hui ils menaceraient un gouvernement que j'aime.

On ne peut non plus me dire que leur culpabilité est douteuse, et que ce qui est crime à Paris peut ne point paraître tel à Vienne ou à St-Pétersbourg, parce que, dans tous les pays du monde, le sang répandu crie contre celui qui l'a fait couler.

En condamnant ainsi tous les conspirateurs, sans distinction, je ne crois pas mériter le reproche de me rendre l'apôtre de la tyrannie et de blâmer la délivrance des nations.

Je ne fais que réprouver le choix du moyen.

Il est aujourd'hui des voies légales pour obtenir justice des écarts du pouvoir. Nous avons la presse périodique. Par elle se forme l'opinion. La minorité ne saurait toujours prévaloir contre la majorité. La peine des mauvais gouvernemens, c'est leur chûte ; et cette peine, quoique les suivant d'un pied boiteux, ne manque jamais de les atteindre.

Je ne connais qu'un conspirateur dont le triomphe soit infaillible ; c'est l'opinion.

Puissance mystérieuse, elle entoure le pouvoir, l'obsède, le harcèle, l'étreint de toute part. Celui-ci se sent percé de mille traits lancés par des mains invisibles. Il ne peut rendre les coups qu'il reçoit. Oppressé, comme par un terrible cauchemar, il se débat, s'agite, se consume en efforts inutiles. Il finit par succomber à la lassitude.

Mais, que l'opinion vienne prématurément à s'incarner, à se matérialiser sous les traits d'un conspirateur, à l'instant elle perd le talisman qui faisait sa force, et le pouvoir a bon marché d'un ennemi devenu apparent et vulnérable.

Cette vérité fut sentie de ce grand publiciste qu'attend encore le Panthéon. Benjamin-Constant a déclaré, à la tribune, que jamais il ne voulut prendre part à aucune conspiration; et certes il ne manquait ni de courage, ni de bonne volonté.

Tout récemment encore n'avons-nous pas entendu un accusé, dont le nom est devenu célèbre, se défendre, en disant : Moi conspirer ! Et pourquoi ? La république saura bien s'établir d'elle-même !

Celui-là comprenait les révolutions. Et, si tel est son espoir, il a bien fait d'attendre. Qu'on ne nous parle de république que lorsqu'elle sera devenue un vœu général; alors seulement elle sera praticable.

L'opinion est aujourd'hui la maîtresse du monde. Elle seule soutient ou renverse les empires. Sans son appui, on édifie en vain, on bâtit sur le sable.

L'ordre social, quel qu'il soit, ne doit donc être modifié ou changé que par la volonté bien constante de la majorité.

Or, cette volonté générale, quel moyen un

individu isolé a-t-il d'en constater l'existence? Quand elle se sera formée, elle saura bien se faire jour elle-même; et alors elle n'aura nul besoin de son secours.

Et que fait le conspirateur, si ce n'est se substituer à l'opinion, qui seule a droit de dominer. Quelque louables que lui paraissent ses plans, lui appartient-il de les imposer au peuple qui n'en veut pas? Je ne vois plus en lui qu'un despote qui veut confisquer, à son profit, les droits de tous.

Je vais plus loin: c'est qu'il doit paraître coupable aux yeux même des siens.

En effet, si les temps ne sont point encore venus, ses tentatives prématurées pourront compromettre la plus belle des causes. Selon l'expression juste et vraie d'un orateur de la restauration, il sera semblable à un soldat indiscipliné qui fait feu avant l'ordre. Cela seul le rend punissable.

Supposez que l'échauffourée de Berton eût pris plus de consistance. L'insurrection n'eût jamais été que partielle. Il lui aurait fallu du temps pour se propager. Elle n'aurait abouti qu'à la guerre civile. Dans l'intervalle, l'étranger aurait eu le loisir d'arriver. A quel affreux bouleversement était livrée notre belle patrie?

Heureusement pour nous, il échoua, et trois journées ont suffi pour nous rendre la liberté et la faire espérer, un instant, au monde!

M. Guizot a eu raison de le dire : il est des jours que la Providence tient sous ses voiles. Il n'est donné à personne de les deviner. Les révolutions se font et on ne les fait pas.

Je me résume : Par cela seul qu'un gouvernement est régulièrement constitué, il a droit de dire aux conspirateurs : « Je ne dois céder qu'à la volonté générale. Puisque les masses ne vous prêtent point leur appui, c'est vous qui usurpez leurs droits, qui êtes un despote. »

Voilà la vraie souveraineté du peuple.

Mais pût-il y avoir le moindre doute sur la criminalité, à l'égard du gouvernement; je lui dirais : je vous condamne, moins à raison des principes qui ont armé votre bras, qu'à cause du sang inutilement versé et des calamités dont vous avez accablé le pays. »

C'est à ce dernier point de vue, surtout, que je m'attache, parce qu'il ne permet aucun doute sur la haute criminalité des actes du conspirateur.

Dans l'attaque, même contre une forme sociale mauvaise, le crime n'en existera pas moins, non contre le gouvernement, mais contre la société qu'on aura ensanglantée.

Qu'on admette un système contraire, et on tombe dans la maxime si justement reprochée aux jésuites, *la fin légitime les moyens*.

Je ne tiens aucun compte des motifs, parce qu'ils sont le plus souvent suspects d'ambition, et surtout parce que nul n'a le droit de s'arroger la mission de vengeur de la société. J'aimerais mieux vivre dans le fond des forêts que dans un pays où chacun pourrait mettre sa patrie à feu et à sang, sans être criminel au premier chef. C'est alors qu'on pourrait dire à juste titre : Nous voilà tous *tuables* à volonté!

CHAPITRE III.

Effets de l'abolition de la peine de mort en matière politique.

« Qu'au temps, dit M. Béranger, où les » masses en mouvement se personnifiaient » dans un seul homme, on crut ne pouvoir » se garantir de lui autrement, qu'en privant » de la vie ; cela se conçoit : à cette époque » de l'histoire des nations, c'étaient, ou de » grands vassaux qui disputaient le pou- » voir au souverain, ou de formidables aven- » turiers qui entraînaient après eux des po- » pulations nombreuses. Il ne suffisait souvent » pas de vaincre un chef si redoutable ; tant » qu'il vivait on pouvait le craindre, et sa » mort était quelquefois le seul moyen d'as- » surer la tranquillité et de garantir le trône » et le pays des entreprises de ses partisans.

» Mais l'état de la société n'est plus le » même; il ne comporte plus l'existence de » ces hommes menaçans par leur immense » clientelle *.... Cela posé, le coupable, une » fois mis hors d'état de nuire, n'est plus » redoutable, et son existence cessant d'être » alarmante pour la société, sa mort n'est » plus nécessaire *.

---

* Ce n'est là que le résumé des idées développées par M. Guizot, dans son ouvrage sur la peine de mort en matière politique. Je vais citer quelques passages de cet écrivain, d'abord pour bien fixer cette objection capitale, et surtout pour faire voir que c'est la pensée de M. Guizot qui a servi de type à tous ceux qui ont écrit après lui. On verra plus bas l'importance de cette remarque. Voici donc de courts extraits de ce que dit M. Guizot : « Quelle était jadis la composition de la so- » ciété ? Une aristocratie peu nombreuse, riche et » puissante; une multitude pauvre, obscure et faible, » malgré sa force numérique. Un complot était-il ourdi » parmi les grands ? Il avait des chefs connus, impor- » tans, investis par eux-mêmes d'une force immense ; » il était le fruit de l'ambition de quelques hommes, » d'un seul peut-être, l'œuvre de quelques influences » personnelles. Le crime découvert, en frappant deux » ou trois coupables, on échappait vraiment au dan-

Est-il bien vrai que jadis la mort du chef fut plus nécessaire que de nos jours, pour mettre à l'abri des entreprises de ses partisans et pour assurer la paix publique? Je ne le pense pas.

M. Guizot cite Mayenne et Coligny.

Mais Coligny massacré ne fut-il pas remplacé par Henry de Navarre, et n'est-ce pas sous celui-ci que triomphèrent les réformés? Mayenne n'était-il pas lui-même le successeur du duc de Guise assassiné, et à quelle époque la ligue fut-elle plus formidable que sous Mayenne?

Lisez l'histoire, non-seulement de France, mais d'Angleterre, d'Écosse, de tous les pays de féodalité, et vous trouverez que nulle époque ne fut aussi pleine de troubles et de guerres civiles perpétuellement renaissantes, que celle où la défaite du révolté était un arrêt de mort.

» ger..... Où sont maintenant ces chefs éminens, » avoués qu'il suffit de détruire pour détruire un parti? » Il y a des réformés, des ligueurs; il n'y a plus de » Coligny, ni de Mayenne. La mort d'un ennemi n'est » aujourd'hui que celle d'un seul homme, etc. »

C'est alors que le supplice d'un ennemi n'était vraiment que la perte d'un seul homme.

L'individu pouvait périr; mais le *chef féodal* était immortel. L'héritier de sa puissance le remplaçait à l'instant avec la volonté et le pouvoir de le venger.

Le haut baron, se confiant dans le nombre de ses vassaux, pouvait calculer de suite et avec exactitude les moyens d'attaque à sa disposition; il connaissait d'avance toutes ses chances de succès.

Le sort des combats prononçait-il contre lui ? Son destin n'épouvantait pas les autres. Ils se sentaient supérieurs au vaincu. Sa défaite ne préjugeait rien pour eux.

Autrefois encore, la force ouverte et matérielle était tout. Quelle idée nous ont laissée d'eux ces chevaliers qu'on nous peint si redoutables ? Ils doivent leur renommée à leurs vigoureux coups de lance dans les tournois, à la quantité d'ennemis qu'ils renversaient en chargeant à la tête de leurs armées !

Maintenant, au contraire, la force physique n'est plus la qualité nécessaire d'un chef de parti. Sa puissance est toute morale. C'est du génie qu'il lui faut, c'est une vaste influence.

Il n'est fort que par la confiance qu'il inspire.

Napoléon, avec une poignée d'hommes, débarque sur les côtes de France. Il attaque un gouvernement qui, outre ses propres forces, a toute l'Europe pour armée de réserve; et l'ascendant magique de son nom suffit pour rendre sa marche triomphale.

Mettez un autre général à la tête des mêmes troupes, et il sera arrêté dès le premier pas.

Voyez Berton essayant de lutter contre ce même trône renversé par le souffle de Bonaparte. Il est pris sans coup-férir.

Sans doute, la puissance a quitté les familles privilégiées. Mais, en passant au peuple, elle est devenue accessible pour chacun. L'influence personnelle est tout de nos jours. La mort du vaincu n'était jadis qu'un acte de vengeance. Son successeur était tout prêt. Un chef de parti, dans les sociétés modernes, est un drapeau auquel on se rallie. La chûte de l'homme investi de la confiance des siens est fatale à la faction. Est-il si facile de trouver de ces noms qui soulèvent les masses? Et puis, l'exemple du châtiment ne sera-t-il décourageant pour personne?

Je prie de ne pas perdre de vue que je ne

parle ici que des conspirations proprement dites, c'est-à-dire, des cas où, les masses ne se levant point d'elles-mêmes, quelques individus cherchent à les mettre en mouvement. Je dois répondre à l'objection telle qu'on la présente. « Je raisonne toujours, dit en effet » M. Guizot, et il le faut bien, dans l'hypo- » thèse que le péril de la société et celui du » pouvoir sont un seul et même péril. C'est » la seule qui soit légitime ; c'est aussi l'hy- » pothèse légale *. »

Or, la tentative contre une forme sociale agréée par la majorité, n'a rien de commun avec les révolutions opérées par l'explosion de la volonté générale. Déjà j'ai fait cette distinction. Les complots sont des actes isolés ; les révolutions, produites par l'opinion, sont l'œuvre de tous ; et il est clair que là où tout le monde conspire, personne ne conspire. Ces sortes d'ébranlemens sociaux, il n'est donné à personne de les empêcher, pas plus qu'on ne saurait prévenir l'éruption d'un volcan.

---

* *De la peine de mort en matière politique*, page 111.

Or, dans l'hypothèse posée par M. Guizot, la seule dont j'aie à m'occuper, je crois fortement à l'efficacité de la peine de mort.

L'effet moral et préventif du supplice était nul, alors que la volonté d'un seul suffisait pour mouvoir les masses ; il est tout-puissant à présent que chacun a pleine liberté d'agir selon son gré.

On dit ici que le fanatisme ou l'ambition ne redoutent pas la mort, et qu'il se trouvera des hommes résolus à l'affronter, en dépit de toutes les menaces.

Mais, qu'on y prenne bien garde, quelque déterminé que soit un individu, il ne peut pas combattre tout seul. Il lui faut des adhérens ; et, pour s'en donner, il n'a aujourd'hui que la voie de la persuasion.

Tous les révoltés devront donc être également disposés à risquer leur tête.

Il s'en trouvera dix, vingt, cent. Mais, pour attaquer avec espoir de succès un gouvernement qui dispose d'une force immense, il en faut bien davantage.

Lorsque les uns seront prêts à tout oser, les autres reculeront devant le danger ; ils diront qu'il faut attendre. Que la peine de mort soit portée par la loi, et il sera presque impossible de réunir, à jour donné, un assez grand nombre de gens décidés à faire le sacrifice de leur vie.

Ce ne sont point là des théories, mais des faits tels que les montre l'expérience.

En quel temps a-t-on cessé d'entendre parler de complots contre la restauration ?

Précisément dans ses dernières années, c'est-à-dire, à l'époque la plus favorable pour les conspirations, alors que la dynastie déchue, entrant le plus ouvertement dans les voies du despotisme, a dû exciter contre elle un plus grand nombre de haines !

Quelle peut en être la cause, si ce n'est l'exemple et la crainte du supplice de Berton, de Vallé, de Sirejean et de tant d'autres ?

La restauration devait sans doute finir par succomber, parce qu'elle ne rencontrait dans la nation que répugnance et antipathie. Mais elle était réservée à d'autres coups que ceux d'un conspirateur. Elle devait disparaître devant l'élan spontané de la population toute entière.

Il n'en est pas moins vrai que, même sous la débile et agonisante restauration, la crainte du supplice a eu son empire ; et quelle puissante énergie ce ressort n'aurait-il pas pour protéger un gouvernement qui serait fort de l'appui de l'opinion ?

Le caractère même de la plupart des conspirateurs témoigne de l'effet que produit sur eux la crainte.

Sans doute les fastes de notre histoire présentent plus d'un glorieux martyr. Mais tous nos ennemis sont-ils également purs ? Songez au parti qui n'a jamais cessé de conspirer contre la France. Aucun de ses agens ne fût-il jamais accessible à l'intérêt, à l'ambition ? A nos jours de désastres, ne les vit-on pas se précipiter sur la curée et s'y montrer insatiables ?

Tels ils ont été, tels ils seront toujours. Le désintéressement est sur leurs lèvres ; il le faut pour être écouté. L'avidité est au fond du cœur.

Celui qui veut de l'or, ne le demande que pour en jouir. Celui qui aspire aux grandeurs, n'agit que dans l'espoir de les posséder.

Supprimez la peine de mort, et sachez les êves que vous aurez encouragés : n'entendez-vous pas cette voix qui dit : si je succombe, qu m'en adviendra-t-il ? La perte de la liberté ? Mais le brillant appât qui m'est offert vaut bien cet enjeu ! J'aurai encore l'espoir qu'un autre triomphe. Je me présenterai alors comme un martyr. Je recevrai le prix du dévoûment. Mais hâtons-nous ; les premiers à réussir sont toujours les mieux partagés ! »

Et si quelque ministre prévaricateur pouvait concevoir un jour l'exécrable pensée de trafiquer de sa patrie, moyennant l'or de l'étranger, de pactiser avec l'éternel ennemi de la France, conçoit-on vis-à-vis de lui une autre responsabilité que la mort ? Admettez que de pareils coupables sont au-dessus de l'humanité ordinaire, que le pilori n'est point fait pour eux, qu'ils ont droit à des peines honorables, et qu'à défaut du supplice, tout ce qu'on peut faire envers eux, c'est de les détenir dans quelque château où ils puissent deviser avec leurs amis sur les chances que leur offre la destruction successive de toutes les libertés de l'Europe ; je le demande, qu'y aura-t-il de si terrible, de si réprimant dans une telle perspective ? L'histoire manque-t-elle d'hommes qu'une première captivité n'aurait pas empêché de se rendre encore criminels? Faudrait-il aller loin pour trouver l'exemple?

On ne recourt, dit-on, au cruel moyen de l'échafaud que pour le soutien des mauvaises causes!

Je ne dis pas qu'il n'en soit ainsi, lorsque le pouvoir est mauvais; mais le Gouvernement le plus populaire est-il donc à l'abri des folles tentatives? Ici, nous n'en sommes pas réduits aux conjectures. Les faits parlent d'eux-mêmes.

Voyez ces bandes qui parcourent de nouveau la Vendée: elles ne sont point inquiétantes pour le trône. Est-ce une raison pour les mépriser? Des citoyens ont péri. Leur sang était-il moins pur que celui de leurs assassins?

Aujourd'hui, un seul exemple suffira peut-être. Demain, il en faudra dix. Vous serez forcé de tuer par milliers, si, par une funeste temporisation, vous vous mettez dans la nécessité d'avoir à sévir sur les champs de bataille!

On dit qu'il n'est point de parti vaincu que le supplice des siens n'irrite, n'exaspère; que c'est rendre la réconciliation impossible.

D'accord, si ce parti est rentré dans l'ordre ; mais s'il vient à s'agiter de nouveau, n'est-il pas urgent de l'arrêter dès les premiers pas, de l'empêcher de recommencer une lutte qui nous force à le vaincre encore ? Et pense-t-on que la concorde renaîtra plus facilement lorsque le sang aura coulé dans les guerres civiles ?

Vous pensez à la réconciliation ! Mais ne devez-vous pas prévoir aussi le cas où elle serait refusée ? Ne l'a-t-elle pas été ? La révolte n'a-t-elle pas éte organisée ? N'a-t-elle pas commencé ! On se taisait dans les premiers jours de notre régénération. On croyait alors à la répression. La magnanimité a été prise pour faiblesse. C'est par la sédition qu'on a répondu aux prévenances.

Savez-vous quel est désormais le seul prix auquel nous pourrions acheter le pardon de nos ennemis ? En leur cédant la place.

Préservons les factieux des suites de leurs propres fureurs. La véritable humanité consiste à prévenir le mal. Si la crainte du supplice est nécessaire pour cela, gardons-nous d'y renoncer.

Pour renverser l'échafaud politique, on

évoque le souvenir de généreuses victimes, on dit :

» Rappelons-nous ces Girondins, aussi illus-
» tres par la puissance du talent que par la no-
» blesse de l'âme; ces savans, Bailly, Condor-
» cet, qui laissèrent tant de vide après eux ;
» rappelons-nous tous ces hommes, dont la
» plupart avaient donné tant de gages à la
» patrie et à la liberté ; et demandons-nous
» si, à peine quelques mois écoulés, la France
» n'eût pas racheté leurs vies au prix des plus
» grands sacrifices *. »

Et n'est-ce pas offenser leur mémoire, répondrai-je avec M. Eusèbe Salverte, que de leur assimiler, par exemple, des hommes qui auraient conspiré pour livrer le pays aux vengeances et au joug de l'absolutisme ?

Pense-t-on qu'il soit si facile d'enchaîner à l'avance la fureur des factions ? Et, parce que nous aurions jeté au loin une arme protectrice, serait-il impossible à d'autres de la ramasser ? Connaissez mieux la logique des passions.

---

* M. Bérenger, rapport à la Chambre des Députés.

Un homme se trouvait dans une assemblée où s'agitait la question de la peine de mort. Saisi d'indignation, il s'écria :

« La nouvelle ayant été portée à Athènes,
» que des citoyens avaient été condamnés à
» mort dans la ville d'Argos, on courut dans
» les temples et on conjura les Dieux de dé-
» tourner les Athéniens de pensées si cruelles
» et si funestes. Je viens prier, non les Dieux,
» mais les législateurs, qui doivent-être les
» organes et les interprètes des lois éternelles
» que la divinité a dictées aux hommes, d'ef-
» facer du code des Français les lois de sang
» qui commandent des meurtres juridiques, et
» que repoussent les mœurs et leur constitu-
» tion nouvelle. »

Quel était ce philantrope si sensible ? L'humanité aura respiré sans doute, si jamais il est parvenu au pouvoir ! Savez-vous son nom ? Il s'appelait Robespierre...

Et si l'esprit de parti a pu faire abjurer à ce point des sentimens si énergiquement prononcés, que faudrait-il attendre de gens qui n'ont signalé leur puissance que par des catégories !

Je ne puis résister au désir de rappeler ici

ces éloquentes paroles de M. Eusèbe Salverte :
» Toutes les fois que l'on décrétera la clé-
» mence en faveur des crimes politiques,
» souvenez-vous en, elle ne tournera jamais
» qu'au profit des ennemis du pays. Ceux-ci,
» en ressaisissant le pouvoir, sauront bien se
» délivrer d'une entrave incommode : ils
» trouveront des législateurs complaisans pour
» la briser, et des conseillers également com-
» plaisans pour les relever de tous les ser-
» mens par lesquels ils en auront garanti
» l'existence. »

CHAPITRE IV.

De la Sanction populaire.

On dit que l'infliction de la peine capitale, pour un crime qui, à la vérité, peut avoir de graves résultats, mais qui annonce rarement la dépravation de l'âme, et qui, aux yeux des partis, n'est pas déshonorant, jette toujours un doute sur sa légitimité *.

Je pense au contraire que le doute n'est pas possible.

Nous vivons dans un siècle où tout homme a une opinion tranchée.

Bories conspire contre les Bourbons. C'est un martyr pour les uns, un monstre pour les autres.

Qu'un légitimiste, escorté de Suisses, d'Es-

* M. Bérenger, rapport à la Chambre des Députés.

pagnols, se jette dans la Vendée et y organise une insurrection sérieuse, ses adhérens l'appelleront héros ; il ne sera aux yeux de la nation qu'un exécrable factieux. Il n'y aura pas de qualification mixte.

Le doute sur la légitimité des peines employées par le pouvoir pour sa défense, ne pourrait donc provenir que du doute sur la légitimité du pouvoir lui-même ; et, dans l'état actuel de la société, chacun sait parfaitement ce qu'il veut et ce qu'il ne veut pas, ce qu'il aime et ce qu'il déteste. Toutes les opinions sont faites et arrêtées.

Ainsi, quelle que soit la forme sociale attaquée, l'intention et le fait une fois bien constatés, le caractère de l'acte ne sera problématique pour personne. La seule différence qu'il y aura, c'est que les partisans du gouvernement exhaleront publiquement leur indignation, tandis que les autres ne décerneront l'éloge que tout bas.

Si la forme sociale est contraire au vœu public, la force seule prédomine alors, et, dès ce moment, il ne peut plus être question de justice. L'état de guerre existe ; et, selon l'expression de M. Guizot, les complots deviennent des embuscades, les supplices des défaites.

Puisqu'il s'agit en ce moment de parler principes, je dois donc n'avoir en vue qu'un ordre social régulier et conforme à l'opinion de la majorité. La question ainsi posée, je vais plus loin que l'objection et je dis que si une conspiration vient à éclater, la moralité de l'acte ne sera pas simplement douteuse pour le parti dont il sert les intérêts. Ce sera, à ses yeux, un trait de dévoûment digne de la plus haute admiration.

Mais est-ce là une raison pour ne pas punir? Ne permettre le châtiment que là où il y aurait unanimité de suffrages, serait une chimère; car quel est le gouvernement qui n'aura pas ses ennemis? Autant vaudrait contester au pouvoir le droit de se défendre?

Et remarquez à quelle inconséquence conduit l'objection que je repousse.

On suppose la criminalité douteuse. Mais alors il ne faut pas punir du tout, car le doute emporte l'absolution. Eh bien! non. De ce que la criminalité est incertaine, on en conclut qu'il faut punir, mais un peu moins. Ce n'est donc qu'une demi-satisfaction au pouvoir, une demi-justice à l'accusé, c'est-à-dire, une violation des principes vis-à-vis de tous les deux. C'est renouveler la loi des suspects.

Il faut en revenir à la question, telle que je l'ai posée, et reconnaître que la légitimité des peines ne saurait dépendre de l'opinion de la minorité.

Par cela seul qu'un ordre de choses existe, les dissidens doivent se soumettre. S'ils attentent au gouvernement fondé par la majorité, ils sont coupables envers elle, et cela suffit.

Et n'est-ce pas précisément parce qu'aux yeux des partis les crimes politiques non-seulement ne sont pas notés d'infamie, mais honorent leurs auteurs, qu'il y a nécessité de donner une nouvelle énergie à la pénalité?

Celui que l'aversion de l'acte n'arrêtera pas, quel autre frein que le châtiment pourrait donc le retenir?

Que le gouvernement, d'accord avec la majorité, ne sévisse que contre l'ennemi commun, et la sanction populaire sera la légitime consécration de l'exercice de son droit de défense.

Il faut avouer néanmoins que le peuple n'a guères eu l'occasion de témoigner sa sympathie pour les rigueurs du pouvoir ; et M. Guizot, écrivant sous la restauration, a eu raison de dire : « Quand on reporte ses regards sur » l'histoire, quand on demande raison de » tout le sang versé sur l'échafaud politique, » il est bien rare que la société passée se lève » et dise : Ce sang fut versé pour moi. »

Dans les temps passés, le peuple était en effet hors de cour ; la querelle qu'on vidait n'était jamais la sienne. Et que lui importait que Cinq-Mars conspirât contre Richelieu, ou que l'autorité passât des Bourguignons aux Armagnacs ?

Mais, de nos jours, le peuple n'a-t-il pas pris la plus vive part à toutes les causes politiques ? A-t-il laissé échapper une occasion de manifester ses affections ou ses antipathies ?

Si l'on me dit que son intérêt ne fut pas toujours en faveur du réquisitoire, savez-vous ce que cela prouve ? La désaffection où était tombé le pouvoir, et voilà tout.

En posant la difficulté de cette manière, on sort de la question de principe, pour en venir à une pure question d'opportunité. Et ceci est l'affaire du Gouvernement, non celle de la loi.

Le moment est venu de le dire : c'est uniquement sous ce point de vue spécial de la convenance pour le pouvoir, que M. Guizot a envisagé la question de la peine de mort.

Je crois cette remarque importante, parce que c'est à l'ouvrage de M. Guizot qu'ont été empruntés la plupart des argumens qu'on a fait valoir depuis, pour demander l'abolition du supplice en matière politique. Il n'est pas sans intérêt de faire voir qu'on s'est mépris sur la portée et l'esprit de ses argumens.

J'ai besoin de prouver ce que j'avance. Ecoutons M. Guizot lui-même : « Je n'ai rien » non plus à démêler avec les lois ; elles pro- » noncent la peine de mort contre certains cri- » mes politiques. Je répète que je ne les blâme » point ; que je ne provoque point leur abo- » lition. Dût-on l'obtenir, peut-être hésite- » rais-je à le conseiller. »

Quel est donc son but ? D'éclairer le pouvoir d'alors sur les dangers que lui feraient courir les excès dans lesquels il le voit prêt à se jeter. « Un parti a triomphé, dit-il, il le » répète tous les jours et se promet de triom- » pher bien plus encore. » Il réduit, en conséquence, la question en ces termes : « Y a-t- » il pour le gouvernement nécessité a provo-

» quer l'application de la peine de mort, ou » à la laisser s'accomplir ? C'est là toute la » question ? »

On comprend, après cela, la pensée de M. Guizot, lorsqu'il parle du doute qui s'élève dans l'esprit du peuple sur l'immoralité des crimes politiques, lorsqu'il dit : « Les pei» nes ne font point détester comme criminel » ce qu'on regarderait comme méritoire ; » elles ne démontrent point la légitimité mo» rale du pouvoir ; elles n'ont d'effet sur les » croyances des peuples qu'autant qu'elles » en découlent.... Aussi, plus d'une condam» nation politique, légalement prononcée, » n'a-t-elle pas mieux réussi de nos jours à » convaincre les peuples de sa nécessité ou » de sa justice, que ne faisaient autrefois les » plus arbitraires exécutions. Que le pouvoir » ne s'abuse pas sur cette nouvelle exigence » du public. »

Le voile est transparent. Cette incertitude sur la légitimité des peines politiques n'est point, dans l'opinion de l'auteur, une idée absolue, mais purement relative à un cas donné. C'est la justice et l'utilité des rigueurs de la restauration qui sont *mises en doute* ; et l'expression du doute, en pareille circonstance, est une affirmation. Les raisonnemens de M. Guizot ne doivent donc pas être étendus au-delà de leur sphère. Son livre ne doit être considéré que comme une sorte d'apologue, où, sous l'apparence de la généralisation, il donnait à des esprits aveuglés des avis qui furent méprisés. Toute la pensée de l'auteur se résume dans ces lignes prophétiques : « De » nos jours, tout pouvoir qui, par ses fautes, » mettrait ses propres nécessités aux prises » avec les nécessités sociales, serait un pou- » voir perdu *. »

Le conseil est bon à suivre en tout temps.

---

* Page 125.

FIN DE LA DEUXIÈME PARTIE.

NOTE.

Les bandits de profession, avons-nous dit, ont une langue à part, jusqu'à leur littérature. Pour en donner une idée, nous allons citer des couplets extraits des *Mémoires de Vidocq*, ainsi que la traduction qu'il en fait.

Nous étions dix à douze,
Tous *grinches* (1) de renom ;
Nous attendions la *sorgue* (2),
Voulant *poisser* des *bogues* (3)
Pour faire du *billon* (4).

Partage ou non partage,
Tout est à notre usage,
N'épargnons le *Poitou* (5).

---

(1) Voleurs.
(2) La nuit.
(3) Des montres.
(4) De l'argent.
(5) Prenons nos précautions.

Poissons avec adresse (1)
Messières et *gonzesses* (2),
Sans faire de *regout* (3).

Dessus le Pont-au-Change
Certain agent-de-change
Se *criblait au charron* (4);
J'engantai sa *toquante* (5),
Ses *attaches brillantes* (6)
Avec ses *billemonts* (7).

Quand douze *plombes crossent* (8),
Les *pègres* s'en retournent (9),
Au tapis de *moutron* (10).
Moutron, ouvre ta *lourde* (11)

---

(1) Volons.
(2) Bourgeois et bourgeoises.
(3) Eveiller les soupçons.
(4) Criait au voleur.
(5) Je lui pris sa montre.
(6) Ses boucles en diamant.
(7) Ses billets.
(8) Minuit sonne.
(9) Les voleurs.
(10) Au cabaret.
(11) Ta porte.

Si tu veux que *j'aboule* (1)
Et *pionse* en ton *bocson* (2).

Moutron *drogue* à sa *larque* (3) :
Bonnis-moi donc, *girofle* (4),
Qui sont ces *pègres*-là (5) ?
Des *grinchisseurs* de *bogues* (6),
Esquinteurs de *boutoques* (7),
Les *connobres*-tu pas (8).

Et vîte ma *culbute* (9) ;
Quand je vois mon *affare* (10)
Je suis toujours *paré* (11) ;
Du plus grand cœur du monde,
Je vais à la *profonde* (12)
Pour vous donner du frais.

---

(1) Donne de l'argent.
(2) Couche dans ton logis.
(3) Demande à sa femme.
(4) Dis donc, la belle.
(5) Ces voleurs-là.
(6) Voleurs de montres.
(7) Enfonceurs de boutiques.
(8) Ne les connais-tu pas ?
(9) Culotte.
(10) Bénéfice.
(11) Prêt.
(12) Cave.

Mais déjà la *patrarque* (1),
Au clair de la *moucharde* (2),
Nous *reluque* de loin (3).
L'aventure est étrange :
C'était l'agent-de-change
Que suivaient les *roussins* (4).

A des fois on *rigole* (5),
Ou bien on *pavillone* (6),
Qu'on devrait *lansquiner* (7) :
Railles, *griviers* et *cognes* (8)
Nous ont, pour la *cigogne* (9),
Trétous marrons paumés (10).

Les *Mémoires de Vidocq* sont remplis de conversations dans un style tout aussi abject.

---

(1) Patrouille.
(2) La lune.
(3) Regarde.
(4) Mouchards.
(5) Rit.
(6) Plaisante.
(7) Pleurer.
(8) Exempts, soldats et gendarmes.
(9) Palais-de-Justice.
(10) Pris en flagrant délit.

Quelle dépravation et quel endurcissement ne suppose pas l'habitude d'un si dégoûtant langage? Faut-il s'étonner d'avoir vu un élève de cette école infernale traduit en justice, *à l'âge de douze ans*, pour dix incendies et deux tentatives d'incendie (1)? Laissez se perfectionner une intelligence si précoce ; conservez soigneusement un sujet si précieux : vous verrez le bien qu'il fera par la suite. Il vous bénira de lui avoir sauvé la vie ; mais la société ! ! !

---

(1) *Gazette des Tribunaux* des 17 et 18 août 1829.

FIN.

ERRATA.

Lisez *séclusion*, au lieu de *réclusion*, aux pages

215, ligne 3.

227, ligne 21.

229, lignes 1, 6, 10.

230, ligne 6.

231, ligne 13.

232, ligne 7, au lieu de *sa* séclusion, lisez *la* séclusion.

TABLE DES CHAPITRES.

PREMIÈRE PARTIE.

DEUXIÈME PARTIE.

FIN DE LA TABLE.

www.ingramcontent.com/pod-product-compliance
Lightning Source LLC
Chambersburg PA
CBHW060356200326
41518CB00009B/1167

* 9 7 8 2 0 1 3 5 2 3 1 7 2 *